Next Eu Editore

TFA SOSTEGNO

© Copyright 2023 - Next Eu Editore

TFA SOSTEGNO

Tutti i diritti riservati.

Il contenuto di questo libro non può essere riprodotto, duplicato o trasmesso senza un permesso scritto direttamente dall'autore o dall'editore. In nessuna circostanza, qualsiasi colpa o responsabilità legale sarà attribuita all'editore, o all'autore, per eventuali danni, risarcimenti o perdite monetarie dovute direttamente o indirettamente alle informazioni contenute in questo libro.

Avviso legale: questo libro è protetto da copyright. Questo libro è solo per uso personale. Non è possibile modificare, distribuire, vendere, utilizzare, citare o parafrasare qualsiasi parte del contenuto, o il contenuto stesso all'interno di questo libro, senza il consenso scritto dell'autore o dell'editore.

LA VITA È UN PROCESSO DI CONOSCENZA.
"VIVERE È IMPARARE".
(KONRAD LORENZ)

Indice

Introduzione 9
Principali competenze scolastiche 11
    L'organizzazione della scuola 11
    Obbligo scolastico e formativo 13
    IL MIM e gli organi 14
        I principali organi 15
    La storia e organigramma delle Istituzioni scolastiche 17
        I vari protagonisti inclusi nel sistema scuola 17
        Il concetto di autonomia 17
        PTOF e patto educativo di corresponsabilità 18
Gli organi del sistema scuola 21
    Sistema di valutazione 25
        Invalsi 25
        Indire 25
        Il contingente ispettivo 26
    La parità scolastica 26
    Il dirigente scolastico 26
    La buona scuola 28
    Il portale unico dei dati 28
    Il CPIA 29
    Albi e fondo di funzionamento 29
    Le polizze assicurative scolastiche e le assunzioni 29
    La carta dei servizi 29

I bisogni educativi 31
   I BES 31
      La disabilità 32
      Che cos'è il profilo di funzionamento? 32
      I disturbi evolutivi specifici 33
      I disturbi legati a degli svantaggi di natura culturale, linguistica o economica 34
      Gli strumenti compensativi e la didattica personalizzata/individualizzata 34
      Alcune terminologie: CTS, CTI, GLI, GLO, GLIR, GIT 34
      La valutazione per gli alunni con BES 35
      Le classificazioni ICF 36
      ABA 37
      I disturbi del Neurosviluppo 38

L'area psico-pedagogica 41
   L'evoluzione dell'apprendimento 41
   Le principali teorie sull'apprendimento 42
   Le principali teorie sullo sviluppo 50
      La psicologia della Gestalt 50
      La psicoanalisi 52
      Il comportamentismo 56
   La psicologia cognitiva 56
      Jean Piaget per lo sviluppo del linguaggio 57
      Teorie dello sviluppo organismiche: Lev Vygotskij 58
      Sviluppo del linguaggio 59
   Teorie della personalità 61
   Principali teorie pedagogiche e pedagogia infantile 64
      Attivismo pedagogico 65
      Il metodo Montessori 65

  Il metodo delle sorelle Agazzi 67

  Pedagogia di Waldorf 68

  Il metodo Problem-posing 69

 I principali esponenti 69

Metodologia e tecnica didattica 77

  Differenza tra tecniche e metodologie 81

Alcune metodologie didattiche 83

 La lezione frontale 83

 Il Tutoring 83

 Il Brain storming 83

 Il Problem solving 84

 La Discussione 84

 Il Cooperative learning 85

 Il Flipped classroom 86

 La Simulazione (role playing) 87

 Il Circle time 87

 Peer education 88

 IBSE 88

 Il Debate e lo storytelling 89

 EAS 90

Emozioni e intelligenza 91

 Cosa sono le emozioni? 91

 Le teorie alla base delle emozioni: le origini e lo sviluppo 92

  La teoria di James-Lange 92

  La teoria di Cannon –Bard 93

  La teoria di Schachter-Singer 94

 Quando prendono forma le emozioni? 95

- La teoria di Alan Sroufe 95
- La teoria di Izard 96
- Le emozioni primarie e secondarie 97
- L'empatia 98
  - Hoffman ha definito le tre componenti dell'empatia 98
  - Empatia e comunicazione 99
  - L'empatia nel sistema scuola 99
- L'intelligenza 101
  - Gardner e le intelligenze multiple 101
  - Spearman e la teoria bifattoriale 103
  - Sternberg e la teoria Triarchica 103
- L'intelligenza emotiva 104
  - Goleman 104
  - Bar-on 105
  - Denham e Saarni: competenza emotiva 106
  - L'autoregolazione 107
- La creatività e il pensiero divergente 108
  - Creatività nel sistema scuola e nello sviluppo personale 108
  - Poincaré 109
  - Guilford 109
  - De Bono 111
  - Mednick 112
  - Wallas 113
- Le principali leggi del sistema scuola 117
- Le leggi spiegate 119

Introduzione

Questo libro nasce con l'intento di fornire al lettore una maggiore chiarezza, che ritengo essere un elemento indispensabile quando ci si appresta ad acquisire informazioni per un concorso. Leggere una lunga sequela di informazioni serve davvero a poco per superare un esame, in quanto la vera chiave è riuscire a memorizzarle, cosa non del tutto facile quando ci troviamo davanti a un muro di testo.

<u>È fondamentale avere al proprio fianco gli strumenti giusti!</u>

Il libro che avete tra le mani è frutto di uno studio accurato per consentirvi di apprendere senza sforzo e senza nemmeno troppe ansie. Le pagine che seguono sono colorate, presentano delle mappe e delle spiegazioni che vanno dritte al punto, perché dovete sapere che non è essenziale leggere plichi di libri ma piuttosto è bene darsi un metodo che permetta di **memorizzare** quanto viene letto. Per non fare andare il cervello in stand-by è necessario mantenere l'attenzione alta, in questo modo avrete la certezza di non perdere il vostro tempo e di spenderlo in maniera efficace così da raggiungere l'obiettivo che vi siete preposti, che poi è il seguente: **superare il concorso del TFA.**

Ho strutturato il libro in diverse parti così da rendere la consultazione più efficace. Vi sintetizzo lo schema qui di seguito:

- Nella prima parte conosceremo la struttura della scuola per capire non solo com'è formata ma anche tutte le varie dinamiche al suo interno e come si pone in materia di BES.
- Nella seconda parte conosceremo le teorie per quanto riguarda l'area psico-pedagogica, senza dimenticare tutti gli studi effettuati sulla componente emozionale e sull'intelligenza emotiva.
- Nella terza parte affronteremo il tema della pedagogia e dell'apprendimento in riferimento agli stili.
- Vi è anche un'ultima parte che vi verrà rilasciata via mail la quale comprende tutte le norme da studiare per superare l'esame. La scelta di creare una dispensa a parte e non nel testo ha una natura pratica ai fini dello studio. Conoscere le norme è

fondamentale e poterle consultare immediatamente mentre si legge il libro, senza spostarsi continuamente all'interno del testo, credo che sia un valore aggiunto.

- **Espansione on-line**. **Cliccate il link qua sotto o inquadrate il quad-core per scaricare la lista delle domande divise per tipologia di prova con le soluzioni.**

Riassumendo: la prima parte unita a quella delle norme andrà letta cercando di memorizzare il più possibile i **concetti chiave**; diversamente, nella seconda e nella terza parte, credo che sia opportuno concentrarsi sulle **differenze**. Si parla di teorie e ricordatevi che sono anch'esse materia d'esame nel concorso; pertanto, capire cosa ha fatto uno studioso e in cosa differisce il suo approccio rispetto a un altro vi può essere utile per fare quei collegamenti da richiamare poi in sede d'esame.

Ecco il link e il quad-core per accedere alle domande in formato PDF con le risposte. Ti ricordiamo che se hai dubbi, perplessità o suggerimenti per il nostro prodotto per noi la tua opinione è preziosa.

Siamo una realtà giovane che vuole crescere e vuole aiutare le persone a superare questi scogli e per farlo abbiamo bisogno anche di te e della tua opinione. Scarica le domande e se hai suggerimenti lo potrai fare rispondendo alla mail che riceverai con le domande in PDF.

Davvero ancora grazie mille.

https://www.nexteueditore.com/tfasostegno

Scansiona qui

Principali competenze scolastiche

L'organizzazione della scuola

La scuola nel nostro paese si suddivide nei seguenti cicli:

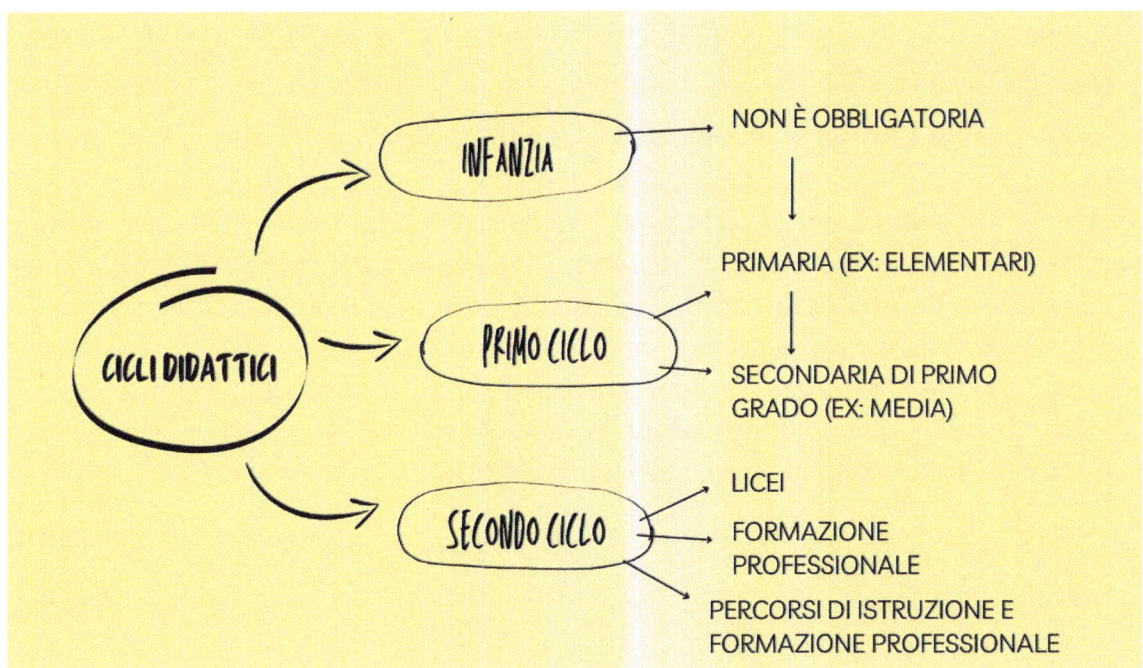

In merito all'infanzia e al primo ciclo il percorso risulta chiaro, però è necessario comprendere quello che avviene nel secondo ciclo, ovvero, nelle scelte che lo studente adotta dopo l'uscita dalla scuola secondaria di primo grado.

Questo percorso scolastico di secondo grado si compone dell'offerta formativa nella quale troviamo i licei, costituiti da due bienni e un anno finale a conclusione del percorso di studi; gli istituti tecnici, conosciuti anche con la sigla IT, formati da due bienni e un anno conclusivo; gli istituti professionali, conosciuti anche con la sigla IP, composti da un biennio e da un triennio specifico in ragione dell'istituto scelto.

In ultimo abbiamo i percorsi di istruzione e formazione regionale che sono promossi dalle regioni in cui il ciclo dura dai tre o quattro anni, a seconda che si parli di "qualifica" professionale o di "diploma".

Attenzione: come indicato dalla legge di bilancio del 2019 e dalla legge 107 del 2015 in merito ai percorsi di alternanza scuola-lavoro, nella scuola secondaria di secondo grado sono previsti dei percorsi dedicati alle competenze e all'orientamento per un numero di ore che non deve scendere sotto le 90 per quanto riguarda i licei (biennio e ultimo anno), le 150 per quanto concerne gli istituti tecnici (biennio e ultimo anno), e le 210 per quelli professionali.

<u>Un alunno può cambiare liberamente indirizzo perché questo diritto gli è riconosciuto dalla legge Moratti (legge 53/2003).</u>

Lo stato riconosce alle scuole una quota di autonomia, a patto che non si presentino disparità o un esubero del personale conseguente alle proprie scelte. L'obiettivo di questo provvedimento è volto a un miglioramento dell'insegnamento in base alle necessità reali dell'istituto. Diversamente dai licei, gli istituti tecnici e quelli professionali dispongono, oltre della consueta autonomia comune a tutti, anche della flessibilità che è maggiore negli istituti professionali, a seguire quelli tecnici e per finire chiudono i licei. All'ultimo anno è obbligatorio che venga insegnata una materia in lingua straniera sia nei licei (il liceo linguistico prevede questa integrazione a partire dal terzo anno) che negli istituti professionali e tecnici (lingua inglese per quest'ultimi).

Che certificazione devono avere i docenti che insegnano una materia non linguistica?

La certificazione C1

Si parla di materia non linguistica, ma alla fine di cosa si tratta?

Il termine stesso può risultare fuorviante, in realtà una materia non linguistica può essere geografia in francese o storia in inglese.

In pratica cosa permette questa autonomia/flessibilità?

L'istituto può decidere in autonomia di dedicare più ore a una tale materia rispetto a un'altra, incidendo così sull'offerta formativa presentata agli studenti. Può includere altre materie e così via. Va specificato che, tra tutte queste modifiche o aggiustamenti, non è possibile ridurre una materia a meno del 20%.

Vediamo questa autonomia nella pratica:

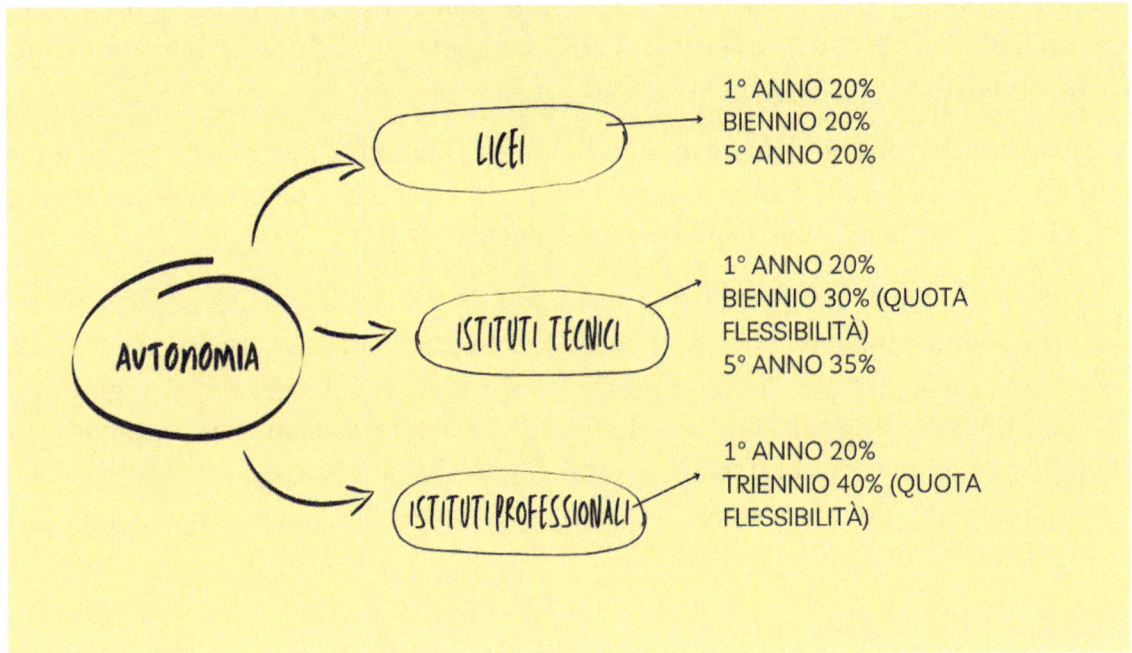

Obbligo scolastico e formativo

In Italia l'istruzione è obbligatoria per dieci anni, ovvero, dai sei anni all'ingresso della scuola primaria (ex. elementari) fino ai sedici anni (per approfondire L. 296/2006). Tutto quello che può essere inerente alle conoscenze verte su quattro pilastri ben definiti:

- Linguaggio;
- Competenze matematiche;
- Competenze tecnologiche e scientifiche;
- Competenze sociali e storiche.

Dove si assolve all'obbligo scolastico?

- Frequentando la scuola che può essere statale, paritaria, oppure privata;
- Frequentando le strutture accreditate nella propria regione;
- Con l'apprendistato, solo dopo aver compiuto i 15 anni;
- Attraverso quella che viene definita: istruzione parentale.

In merito all'istruzione parentale chiunque può insegnare al proprio figlio?

La risposta è sì, a patto che i genitori compilino un'apposita dichiarazione dove si deve dimostrare di possedere le capacità per poter insegnare ai propri figli. È fatto obbligo poi il sostenimento di un esame per la verifica delle competenze alla fine di ogni anno, fino alla fine dell'obbligo (questo vale per chi studia).

Per quanto riguarda l'obbligo formativo gli studenti hanno il diritto - che si accompagna sempre anche dalla parola dovere - di partecipare a varie attività almeno fino ai 18 anni. Questo diritto/dovere lo si può esplicare nei seguenti modi:

- Con il continuo degli studi seguendo il percorso che si sente più affine, indipendentemente che si abbia scelto una scuola privata, statale o paritaria;
- Con un contratto di apprendistato, il quale rappresenta per i giovani uno strumento utile per entrare nel mondo del lavoro; inoltre viene stipulato per chi ha compiuto 15 anni fino ai 29 anni, dopodiché si passa ai contratti classici;
- Frequentando un centro d'istruzione per adulti (CIPA), ognuno con una propria offerta formativa.

IL MIM e gli organi

Il MIM, Ministero dell'Istruzione, dell'Università e della Ricerca, è l'ente governativo italiano che regola il sistema scolastico per le scuole pubbliche e private. Con l'autonomia didattica, organizzativa e di ricerca per le istituzioni scolastiche statali, il MIM assicura l'indirizzo generale e il controllo del sistema scolastico italiano, dalla scuola dell'infanzia all'università, comprese le università telematiche. Inoltre, gestisce il lavoro accademico e di ricerca nelle università e negli enti affini. Questo ministero è stato creato nel 2001 con la Riforma Bassanini.

Il ministero è strutturato nei seguenti dipartimenti:

1. Il dipartimento di istruzione e formazione, direzione generale per:
    - I fondi strutturali per l'istruzione:
    - L'edilizia scolastica;
    - La scuola digitale;
    - La direzione generale per gli ordinamenti scolastici;
    - La valutazione e internazionalizzazione del sistema di istruzione;
    - La direzione generale per il personale scolastico e per gli studenti;
    - Inclusione e servizi di orientamento.

2. Il dipartimento per la gestione e la programmazione delle risorse finanziarie, strumentali e umane, direzione generale per:
   - Risorse umane e finanziarie;
   - I sistemi Informativi e la statistica;
   - La progettazione organizzativa;
   - L'innovazione dei processi amministrativi, di comunicazione e in merito ai contratti.

Il MIM si occupa di:

- Redigere obiettivi da perseguire, includendo anche i parametri dell'intera organizzazione che fa a capo al sistema scuola;
- Determinare obiettivi in linea con le competenze in relazione agli studenti e concede sussidi dove è necessario per il buon uso delle strutture, migliorandole;
- Stabilisce i termini delle domande di iscrizione che dal 2009 vengono presentate nella forma online.

I principali organi

Al di sotto del Ministero troviamo quattro enti importanti: il CSPI o CISP, l'osservatorio per l'edilizia scolastica, l'INVALSI e l'INDIRE.

Il CSPI, ovvero il consiglio superiore della pubblica istruzione, ha dei compiti di supporto tecnico scientifico e fornisce pareri obbligatori ma non vincolanti. Il CSPI è formato da 36 membri ed è presieduto dal ministro della Pubblica Istruzione.

L'osservatorio per l'edilizia scolastica è inerente agli edifici scolastici, al loro mantenimento e alla loro manutenzione.

L'INVALSI (istituto nazionale per la valutazione del sistema educativo di istruzione e formazione) è l'ente più rilevante per quanto riguarda la valutazione scolastica. I suoi doveri riguardano le verifiche periodiche in relazione alle abilità e alle conoscenze degli studenti. Inoltre elabora e monitora i procedimenti di valutazione e predispone le prove per l'esame di stato.

L'INDIRE (istituto nazionale documentazione, innovazione e ricerca educativa) è un ente di ricerca che si occupa della valutazione, come l'istituto INVALSI. È suddiviso in tre articolazioni territoriali con sede a Napoli, Roma e Torino. I suoi compiti riguardano la valutazione, anche se sono orientati al personale docente, ai dirigenti scolastici e al personale non docente, più che gli alunni. Il fine principale è quello di aggiornare, innovare e migliorare i processi formativi, soprattutto in relazione alle nuove tecnologie.

Per garantire una diffusione più periferica sono nati gli Uffici Scolastici Regionali o USR, divisi in 15 uffici scolastici regionali di livello dirigenziale generale e solo 3 Uffici scolastici regionali di livello dirigenziale non generale per la Basilicata, per il Molise e per l'Umbria, in base alla popolazione dell'intera regione.

Le funzioni dell'ufficio scolastico regionale sono quelle che anni fa facevano capo al provveditorato, escludendo i nuovi poteri delegati ai singoli istituti scolastici.

I compiti principali sono due:

- Vigilare sull'applicazione delle norme scolastiche e sull'efficacia dell'azione formativa, verificando anche il raggiungimento degli obiettivi nazionali;
- Gestire la parte amministrativa e contabile per gli uffici dell'amministrazione scolastica in ambito regionale, assegnando alle varie scuole le risorse umane e finanziarie, seguendo i rapporti con i Comuni, le Province e le Regioni in quanto enti Statali per un miglior funzionamento delle varie istituzioni scolastiche.

Una diramazione del USR è l'USP (ufficio scolastico provinciale).

È giunto il momento di parlare degli enti territoriali, ovvero la Regione, la Provincia e il Comune. Le province sono state abolite nel 2014 ma a livello scolastico hanno una competenza per l'edilizia scolastica per le scuole secondarie. I comuni o le città metropolitane sono importanti in particolar modo per le scuole per l'infanzia e per la scuola primaria, per i servizi di trasporto, per il servizio mensa, ma anche per l'accorpamento delle scuole e per gli edifici idonei a ospitare le sedi.

Le regioni, invece, decidono i calendari scolastici e organizzano anche gli IEFP (istruzione e formazione professionale), un'alternativa triennale per chi, una volta terminata la scuola dell'obbligo, non volesse continuare con il percorso di studi classico.

Riassumendo:

I comuni devono rispondere a questi specifici compiti:

EDUCAZIONE – PREVENZIONE – FUNZIONI SOCIALI

L'educazione fa capo al diritto allo studio che dev'essere tutelato e garantito; il concetto di prevenzione è volto a tutelare la dispersione scolastica; l'INVALSI, come abbiamo visto, si occupa di individuare le cause del fenomeno; le funzioni riguardano lo sviluppo di efficaci reti sociali, oltre ad altre relative all'edilizia scolastica per quanto riguarda le scuole primarie. Le province si occupano del comparto delle funzioni in merito alle scuole secondarie.

La storia e l'organigramma delle Istituzioni scolastiche

Fino al 1999 il sistema scuola dipendeva dal provveditorato agli studi. Oggi le stesse funzioni sono ricoperte dagli uffici scolastici regionali. Con il termine sistema scuola non si fa riferimento all'attività in aula, bensì alla struttura in grado di governare più istituti.

È solo grazie alla legge 59 del 1997, entrata poi in vigore nel 2000, che al sistema scuola viene riconosciuta una maggiore autonomia grazie alla personalità giuridica.

I vari protagonisti inclusi nel sistema scuola

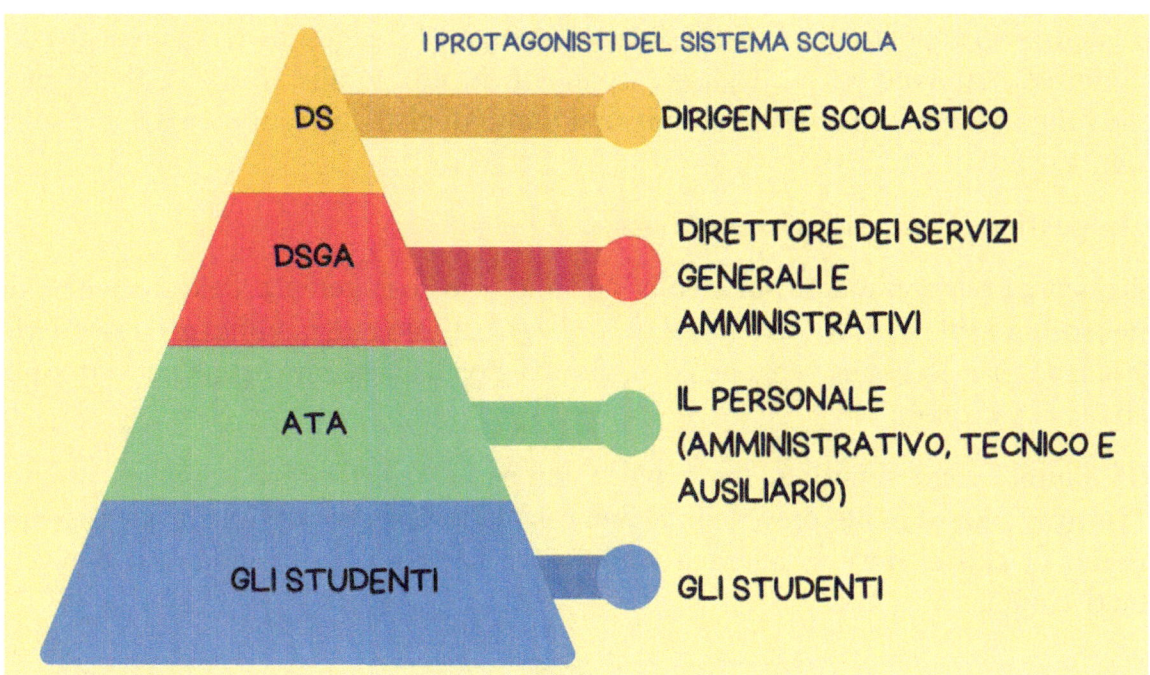

Il concetto di autonomia

Chi definisce l'autonomia →DPR 275/1999, Legge 59/97

Cosa significa autonomia didattica?

Ogni istituzione è libera di regolare il modo e il tempo dell'insegnamento in funzione delle materie e agli studenti. In questa linea di pensiero sono inclusi anche gli studenti con BES.

Cosa significa autonomia organizzativa?

L'autonomia organizzativa si sposa al meglio con il concetto di libertà progettuale e soprattutto con gli obiettivi prefissati per ogni percorso di studio.

Cosa significa autonomia di ricerca?

Significa che ogni istituzione, anche contribuendo in forme associative, si impegna a far sì che il proprio personale sia costantemente aggiornato e in linea con il contesto culturale di riferimento. Per garantire un processo di continuità all'interno del sistema scuola, la scuola primaria e la scuola secondaria di primo grado sono raggruppate negli istituti comprensivi, a patto che vi siano almeno 1000 studenti o 500 per le zone montane o a bassa densità di popolazione. I circoli didattici svolgono le medesime funzioni degli istituti comprensivi, risultano essere degli accorpamenti in merito alle scuole dell'infanzia e a quelle primarie; quindi non cambia nulla dal punto di vista dell'autonomia che è sempre garantita.

Chi gestisce il calendario scolastico?

Il calendario viene redatto una volta all'anno, è di competenza delle regioni e deve contenere come minimo 200 giorni di lezione. Ogni istituto può modificare il calendario in base alle proprie necessità, vengono poi aggiunti i giorni di festività uguali per tutti e quelli locali (es. il patrono).

Gli alunni sono tenuti a frequentare almeno ¾ dell'orario annuale promosso dall'istituto. Questo limite prevede in alcuni casi delle deroghe soggette a valutazione del consiglio di classe, dove si andrà a stabilire se l'assenza ha pregiudicato il bagaglio formativo oppure no.

PTOF e patto educativo di corresponsabilità

Cosa significa PTOF?

Il termine sta per *piano triennale dell'offerta formativa*. Con questo documento la scuola mette nero su bianco la progettazione didattica e organizzativa che intende perseguire. Il PTOF deve rispondere a dei criteri di coerenza in base a quanto contenuto nelle norme che regolano il sistema scuola, senza dimenticare di includere anche le esigenze del proprio territorio. Viene redatto dal collegio dei docenti e approvato dal consiglio d'istituto.

È bene sapere che il PTOF non viene consegnato quando ci si iscrive a una scuola per varie ragioni, tra cui un maggiore rispetto per l'ecologia. È possibile consultarlo sul portale unico dell'istituto o direttamente sul sito del MIM.

Quando? Prima della fine del mese di ottobre dell'anno che precede il triennio a cui ci si riferisce.

Il piano viene poi approvato dall'USR che poi, a sua volta, lo invia al MIM. Dopo la sua approvazione può subire delle modifiche una volta all'anno prima della fine del mese di ottobre.

Nel PTOF vengono inclusi i seguenti argomenti/tematiche:

- La scuola e il contesto;
- Le scelte;
- L'offerta formativa;
- L'organizzazione.

Nelle giornate di accoglienza, durante le quali gli istituti si presentano agli studenti che desiderano iscriversi, viene mostrato, oltre al PTOF, lo statuto degli studenti e il regolamento dell'istituto. Questo documento è volto a definire i diritti ma anche i doveri che coinvolgono la famiglia, lo studente e la scuola. Dopo averne preso visione va firmato dai genitori quando l'alunno è minorenne; diversamente, se ha raggiunto la maggiore età, può firmarlo in autonomia. Lo statuto degli studenti inerente alla scuola secondaria racchiude 6 articoli dove sono esplicitati i diritti, i doveri, la disciplina e la vita nella comunità scolastica.

Gli organi del sistema scuola

In questo capitolo vedremo la funzione dei vari organi nel sistema scuola. Va detto che la loro riunione è da ritenersi valida quando sono presenti la metà + 1 dei componenti in carica nell'istituto. Il primo che esaminiamo è il collegio dei docenti, il quale si compone esclusivamente del personale scolastico ed è presieduto dal dirigente scolastico, ovvero, colui che sta a capo dell'intero sistema.

N.B.: il dirigente scolastico, oltre a partecipare, svolge anche delle funzioni di voto. Nel caso in cui la votazione dia esito pari il suo voto si rileva determinante in quanto può dare un parere positivo oppure negativo in base a quanto si è discusso.

Il collegio dei docenti viene convocato ogni volta che:

- Il dirigente scolastico rilevi una necessità;
- Ogni trimestre o quadrimestre a seconda dei casi;
- Se 1/3 dei componenti ne fa richiesta.

Quando avvengono tali riunioni? Sempre al di fuori dell'orario di scuola definito, in gergo tecnico, come "orario extracurriculare".

Nello specifico cosa fa:

- Si occupa di elaborare il PTOF;
- Si occupa di adottare i libri di testo su proposta del consiglio di classe;
- Si occupa di fare accordi e di creare rete con altre scuole in ottica di miglioramento della propria formazione;
- Si occupa della programmazione didattica andando poi a verificare la validità o, meglio, l'efficacia di quanto proposto;
- Si occupa della suddivisione dell'anno scolastico in trimestri o quadrimestri;
- Crea dei programmi per la formazione degli insegnanti di ruolo che devono rimanere costantemente aggiornati;
- Formula proposte inerenti alla composizione delle classi, ai docenti o all'orario delle lezioni. Valida e propone i viaggi di istruzione;

- Si impegna a creare programmi di sostegno per gli studenti con BES, altri alunni con difficoltà o per gli studenti che arrivano dall'estero;
- Delibera il piano contenente le attività dei docenti, senza dimenticare anche quello per l'inclusione (definito anche PI) che viene redatto entro giugno.

Il consiglio d'istituto (termine usato per la scuola secondaria) o di circolo (termine usato nella scuola primaria) è regolato dal D.P.R. 416/74. Tali consigli sono degli organi collegiali presieduti sempre dal dirigente scolastico, da un rappresentante dei genitori e dal personale scolastico. Si compone di un minimo di 14 fino a un massimo di 19 membri.

FINO A 500 STUDENTI	OLTRE I 500 STUDENTI
CONSIGLIO D'ISTITUTO	**CONSIGLIO D'ISTITUTO**
IL DIRIGENTE SCOLASTICO (DS) 6 RAPP. DEGLI INSEGNANTI 3 RAPP. DEI GENITORI 3 RAPP. DEGLI STUDENTI 1 RAPP. ATA	IL DIRIGENTE SCOLASTICO (DS) 8 RAPP. DEGLI INSEGNANTI 4 RAPP. DEI GENITORI 4 RAPP. DEGLI STUDENTI 2 RAPP. ATA
CONSIGLIO DI CIRCOLO	**CONSIGLIO DI CIRCOLO**
IL DIRIGENTE SCOLASTICO (DS) 6 RAPP. DEGLI INSEGNANTI 6 RAPP. DEI GENITORI 1 RAPP. ATA	IL DIRIGENTE SCOLASTICO (DS) 8 RAPP. DEGLI INSEGNANTI 8 RAPP. DEI GENITORI 2 RAPP. ATA

Cosa fanno questi due organi (consiglio d'istituto e consiglio di circolo)?

- Validano il PTOF o lo modificano entro la fine di ottobre;
- Si occupano di adattare il calendario scolastico elaborato dall'USR secondo le esigenze del proprio territorio;
- Deliberano il regolamento dell'istituto;
- Approvano gli accordi interconnessi tra le scuole;
- Approvano attività in base al bilancio della scuola;
- Deliberano le iniziative provenienti dai privati.

All'interno del consiglio d'istituto viene eletta una Giunta Esecutiva, le cui peculiarità sono le seguenti:

- È composta dal Dirigente scolastico, dal DSGA, da un insegnante, un rappresentante ATA, uno studente o uno o due genitori nel caso in cui si tratti del consiglio di circolo, e di specialisti nel caso in cui seguano attivamente gli studenti o uno di loro;
- Si occupa di approvare il bilancio e il conto consuntivo.

Vediamo adesso di cosa si occupano e da quali membri sono composti i consigli di:

- Classe (I e II grado);
- Interclasse (primaria);
- Intersezione (infanzia).

INFANZIA	I GRADO
1 RAPP GENITORI PER OGNI SEZIONE	4 RAPP GENITORI
PRIMARIA	II GRADO
1 RAPP GENITORI PER OGNI CLASSE	2 RAPP GENITORI 2 RAPP DEGLI STUDENTI

Chi ne fa parte? Il dirigente scolastico e i docenti che interagiscono con la classe.

Cosa fa? Il suo compito è quello di stabilire e valutare il piano formativo anche in termini di efficacia. I componenti si rinnovano ogni anno (in base al fatto che gli insegnanti possono venire confermati nel ruolo oppure possono cambiare sede) e gli incontri avvengono fuori dall'orario curriculare.

Per la scuola secondaria di II grado il consiglio di classe si occupa:

- Di deliberare l'ammissione agli esami;
- Eseguire gli scrutini di fine anno;
- Disporre, ove necessario, sanzioni disciplinari per una durata MASSIMA di 15 giorni. Se si dovesse superare tale soglia la competenza passa nelle mani del consiglio d'istituto.

Il comitato degli studenti è volto a rappresentare il potere esecutivo degli stessi ed è un modo per riuscire a far sentire la propria voce. Si compone di 4 studenti nel biennio e di 10 nel triennio.

Il comitato atto alla valutazione del personale docente, che resta in carica per tre anni, è composto da:

- 3 docenti (2 provenienti dal collegio dei docenti e uno dal consiglio d'istituto);
- 2 rappresentanti dei genitori;
- 1 rappresentante degli studenti;
- 1 figura esterna proposta dall'USR tra i docenti, il personale tecnico o scolastico a livello di dirigenza.

Cosa fa? Come indica lo stesso termine si occupa di valutare i docenti, individuando a quali figure attribuire un bonus come previsto dalla legge 107/2015.

Le assemblee dei genitori si distinguono in: sezione, classe e istituto. Gli incontri si svolgono sempre al di fuori degli orari di lezione, previa affissione all'albo. Vengono convocati su espressa richiesta dei genitori o dal presidente dell'assemblea per quanto concerne quella di istituto. Vi possono partecipare con diritto di parola il dirigente scolastico e i docenti facenti capo alla classe o alle classi in oggetto.

Le assemblee degli studenti, le quali riguardano per ovvie ragioni solo la scuola secondaria di II grado, si possono svolgere una volta al mese tranne nell'ultimo mese che conclude l'anno scolastico.

È convocata dal comitato degli studenti o su una precisa richiesta di almeno il 10% degli stessi, dopo aver comunicato il giorno, la motivazione e l'ordine del giorno al dirigente scolastico.

Nello specifico:

- Dura non più di due ore;
- Non deve tenersi sempre nello stesso giorno;
- Viene fatta durante l'orario delle lezioni.

Sistema di valutazione

Il sistema di valutazione è regolato dal decreto legislativo 286/2004 e dal D.P.R. 80/2013. È doveroso ricordare che si muove su tre livelli e tra i suoi compiti vi è la valutazione in termini di efficacia del sistema di istruzione adottato. Nello specifico abbiamo l'INVALSI, l'INDIRE, il contingente ispettivo e l'autovalutazione.

Invalsi

L'acronimo sta per istituto nazionale per la valutazione del sistema educativo di istruzione e formazione. Questo ente, avente personalità giuridica, si occupa anche delle funzioni:

- Di coordinamento;
- Di effettuare controlli e verifiche periodiche attraverso le prove invalsi e in merito alla qualità dell'offerta formativa.

Le prove invalsi vengono somministrate agli studenti della II e V primaria, nella classe III della secondaria di primo grado e nelle classi II e V della secondaria di II grado. Questa prova è voluta per riuscire a identificare le cause della dispersione scolastica, così da individuare criteri e soluzioni per farvi fronte. Inoltre seleziona e forma gli ispettori e si occupa di relazionare quanto rilevato dal ministero.

Indire

Si occupa della ricerca innovativa nel nostro paese. Il suo raggio d'azione comprende anche la formazione del personale scolastico e di azioni volte al miglioramento della didattica, sviluppando anche dei modelli didattici pertinenti. È da ricordare che l'indire si occupa anche di disciplinare le line guida del PECUP, ovvero, il profilo educativo, culturale e professionale che gli studenti sono tenuti ad avere al termine del biennio che va a concludere l'obbligo scolastico.

Il contingente ispettivo

Si compone di 191 ispettori chiamati a valutare le scuole e i dirigenti che sono posti a capo. La valutazione avviene per mezzo di un'autovalutazione redatta dalle scuole, il cosiddetto RAV, fatto in base a un quadro di riferimento specifico fornito dall'Invalsi. Viene redatto anche un piano di miglioramento chiamato PDM, il quale viene suggerito dall'indire, con interventi sia educativi che didattici da mettere in atto.

Vi è anche una valutazione esterna affidata agli ispettori (NEV). Il comitato di ispezione è composto da un dirigente tecnico e da altri due esperti: uno facente parte della scuola e un altro no. La durata della loro visita è di tre giorni nei quali devono procedere a una conferma o a una modifica del piano elaborato attraverso l'autovalutazione.

La parità scolastica

Si parla tanto di parità scolastica, ma in merito al suo riconoscimento la scuola deve assolvere ad alcuni requisiti:

- È necessario possedere un PTOF;
- La fruibilità dei locali e delle attrezzature in base alla tipologia della scuola, oltre che la funzione degli organi collegiali;
- La possibilità di riuscire a gestire studenti con disabilità, stranieri o comunque versanti in una condizione di svantaggio;
- La possibilità e l'inserimento offerto a docenti in possesso di abilitazione e regolati attraverso i contratti individuali.

Va fatta una specifica per quanto riguarda gli alunni stranieri. Innanzitutto la loro integrazione può avvenire in ogni momento dell'anno; questo principio vale anche per i minori che non risultano regolari così da garantirgli il diritto allo studio. In particolare, gli insegnamenti in lingua italiana vengono adattati alle loro esigenze; inoltre il numero di questi alunni non può superare il 30% in base al numero di alunni presenti in una determinata classe.

Il dirigente scolastico

Il dirigente scolastico copre un incarico della durata di tre anni che a sua volta gli viene conferito dal Direttore dell'USR. Nello specifico è tenuto a:

- Assumere il personale docente attraverso le graduatorie d'istituto, assegnando i posti in autonomia;
- Se un docente manca può sostituirlo con degli altri grazie alla supplenza;
- Sempre previa autorizzazione da parte dell'USR può prevedere un aumento delle classi ove lo ritiene necessario, secondo lo stesso principio può diminuire o aumentare della misura del 10% gli alunni presenti nella classe.

INFANZIA	I GRADO
18-26 ALUNNI CON ECCEDENZA DI 29	18-27 ALUNNI CON ECCEDENZA DI 28
PRIMARIA	**II GRADO**
15-26 ALUNNI CON ECCEDENZA DI 27	27-30 ALUNNI

- Il dirigente scolastico si occupa dell'alternanza tra scuola e lavoro;
- In linea con il concetto di amministrazione trasparente il dirigente deve rendere visibile sul sito della scuola i documenti con l'obbligo di pubblicazione;
- I rapporti con gli enti locali si svolgono in completa autonomia;
- In merito ai provvedimenti, quando il dirigente scolastico ne emette uno lo stesso non può essere revocato dal ministro dell'istruzione;
- In merito all'integrazione e all'inclusione il dirigente scolastico copre un ruolo importante volto a favorire tali processi.

La buona scuola

La "Buona Scuola" fa riferimento alla legge n° 107 del 13 luglio 2015 proposta dal Governo Renzi con lo scopo di far sì che la scuola detenga un ruolo centrale e di rilievo nella società. Con la "Buona Scuola" si vuole:

- Affermare le competenze degli studenti;
- Abbattere le disuguaglianze grazie a progetti di inclusione;
- La scuola viene vista come un laboratorio orientato verso l'innovazione sia da parte degli studenti che degli insegnanti.

Grazie alla legge che disciplina la "Buona Scuola" il potere del dirigente scolastico risulta essere ampliato. Infatti ogni istituto gode di una maggiore autonomia permettendo in questo modo che vengano adottate misure senza rimanere imbrigliati nelle lungaggini della burocrazia.

Quali sono i vantaggi di questa riforma? Senza dubbio vi è l'aumento del numero delle assunzioni: questa "svolta" rappresenta una lotta al precariato. Un altro vantaggio è rappresentato dal bonus Renzi che si esplicita attraverso la carta del docente.

Il bonus, nello specifico, è inerente a un importo pari a 500 euro, il quale può essere impiegato per l'acquisto di libri, di supporti informatici, per iniziative culturali o corsi di aggiornamento in linea con il POTF. La riforma della "Buona Scuola" a oggi ha portato indubbi vantaggi anche per le famiglie, attraverso agevolazioni fiscali e detrazioni per i genitori che optano per le scuole paritarie, in modo da evitare in questo modo che vi sia troppa disuguaglianza tra le scuole di ordine statale e quelle private.

Il portale unico dei dati

Questo portale fa capo alla scuola ed è uno strumento messo a disposizione dal MIM nei confronti dei cittadini. L'obiettivo segue sempre il principio di trasparenza perché in questa maniera si ha sempre un accesso senza barriere alle informazioni senza che vi sia bisogno ogni volta di un'identificazione. I dati che troviamo su questo portale sono i seguenti:

- Dati relativi all'anagrafe degli studenti;
- Dati inerenti al personale;
- Dati inerenti ai bilanci;
- Circolari del Ministero.

Il CPIA

Questa sigla indica i centri per l'istruzione dedicati agli adulti, così da raggiungere il titolo di studio riferito al primo ciclo d'istruzione o quello inerente al secondo. Va specificato che al CPIA possono accedervi anche i ragazzi o le ragazze che hanno compiuto i 16 anni, età dove termina infatti l'obbligo scolastico. La loro richiesta è approvata quando sono impossibilitati a frequentare la scuola ordinaria per diverse ragioni.

Albi e fondo di funzionamento

Qualsiasi provvedimento che viene intrapreso dalla scuola diventa efficace il quindicesimo giorno dopo la sua pubblicazione nell'apposito albo.

I fondi di funzionamento sono essenzialmente i soldi che la scuola necessita per lo svolgimento delle sue attività. Tale fondo viene emanato dal MIM entro settembre di ogni anno. I soldi possono essere destinati nello specifico a:

- Politiche di inclusione e formazione;
- Innovazione in favore dell'autonomia scolastica;
- Miglioramento delle infrastrutture.

Le polizze assicurative scolastiche e le assunzioni

Sul portale degli istituti vengono pubblicate le polizze e gli atti amministrativi riguardanti le loro attività. Come previsto dalla legge, gli studenti che hanno compiuto i 16 anni possono ritirarsi dalla scuola in quanto hanno assolto all'obbligo scolastico. A ogni modo mantengono la facoltà di iscriversi a delle scuole private per il recupero degli anni scolastici.

Le assunzioni del personale vengono fatte per un 50% utilizzando i concorsi e gli esami, mentre per il restante 50% si ricorre alle graduatorie.

La carta dei servizi

La carta dei servizi è regolata dal DPCM 138/95. In questo documento ogni scuola dichiara i propri intenti nel voler fornire un servizio valido per i propri alunni, nello specifico è necessario che vi sia prevista:

- La medesima possibilità di accesso all'istruzione come del resto è previsto anche all'interno della nostra Costituzione nell'articolo 34 al primo comma;

- L'equità dei servizi erogati dalla scuola;
- La chiarezza dell'offerta formativa;
- Un impegno concreto per l'inclusione così da eliminare ogni disuguaglianza in grado di inficiare nel percorso di apprendimento;
- L'aggiornamento continuo del personale docente.

I bisogni educativi

Quando si parla di bisogni educativi speciali è necessario andare un po' indietro negli anni, anche solo per ricordare che non è sempre stato così. L'integrazione scolastica, anche a livello teorico e non solo pratico, è il risultato di un processo che ha visto un lungo cammino nel corso degli anni. Prima dell'evoluzione di questi concetti i ragazzi ritenuti disabili non frequentavano la classe insieme agli altri alunni ma ne avevano una "speciale" dedicata solo a loro. Pertanto, gli alunni che seguivano queste classi erano considerati da tutti gli altri come delle persone *deficienti*; questo modo di operare piuttosto che unire non faceva nient'altro se non creare dei muri.

Finalmente la legge 517/1977 ha previsto una figura importante nell'insegnamento che oggi conosciamo con il nome di *insegnante di sostegno*. Da quel momento le classi "speciali" sono state abolite, riconoscendo però una forma di assistenza per gli alunni disabili per quanto riguardava le scuole medie ed elementari. Con la legge 104/92 si ha un'ulteriore integrazione del ragazzo/bambino disabile con l'obiettivo di stimolare un apprendimento più produttivo.

Con la legge 170/2010 si ha il riconoscimento degli alunni con DSA e due anni più tardi, con la direttiva del MIM del 27 dicembre, si ha il riconoscimento anche per quelli BES.

È fondamentale discernere i due concetti:

L'INTERGRAZIONE: vi è un approccio sul soggetto prima ancora che sul contesto.

L'INCLUSIONE: vi è un approccio sul contesto prima ancora che sul soggetto stesso, inoltre riguarda tutti gli alunni.

I BES

I bisogni educativi speciali si dividono nelle seguenti aree:

- Disabilità;
- Disturbi evolutivi specifici;
- Disturbi legati a svantaggi culturali, linguistici o economici.

La disabilità

Con la disabilità (legge 104/92) si ha diritto ad avere l'insegnante di sostegno. Gli alunni che presentano una disabilità hanno diritto all'elaborazione di un piano educativo personalizzato (PEI).

È importante sapere che la disabilità non viene certificata dalla scuola bensì da un'azienda sanitaria locale. Inoltre, la tutela offerta dalla legge 104 va dalla scuola dell'infanzia fino all'università.

Il PEI da chi viene redatto? Trattasi di un documento che viene redatto dalla scuola, dalla famiglia e dalle figure sociosanitarie e il suo contenuto non è statico in quanto è possibile modificarlo. In sostanza contiene degli interventi educativi mirati a far sì che l'alunno raggiunga i propri obiettivi formativi con un adeguato sostegno e supporto. Oltre al PEI viene redatto il profilo di funzionamento su base ICF. L'insegnante di sostegno si occupa di redigere la prima bozza a cui partecipano anche gli altri insegnanti coinvolti nella classe.

Che cos'è il profilo di funzionamento?

Il profilo di funzionamento è disciplinato dal decreto legislativo 66/2017 e viene redatto dopo la certificazione della disabilità:

- Secondo il modello bio-psico sociale su base ICF, ovvero la classificazione della salute e della disabilità adottata dall'Organizzazione Mondiale della Sanità;
- Da un'unità di valutazione multidisciplinare che si compone di: un medico, due specialisti della riabilitazione in merito all'infanzia e un assistente sociale.

Alla sua redazione partecipano:

- Il direttore scolastico o un docente;
- I genitori dell'alunno;
- Lo studente nel rispetto del principio di autodeterminazione.

Questo piano viene costantemente aggiornato a ogni grado di istruzione, e al suo interno vengono definite le misure di sostegno e i programmi da attuare nel pieno rispetto del concetto di inclusione.

I disturbi evolutivi specifici

In questa categoria si distinguono i DSA, ovvero i disturbi specifici legati all'apprendimento, i quali consentono la stesura di un piano didattico personalizzato. Vediamo nella seguente tabella l'opportuna distinzione:

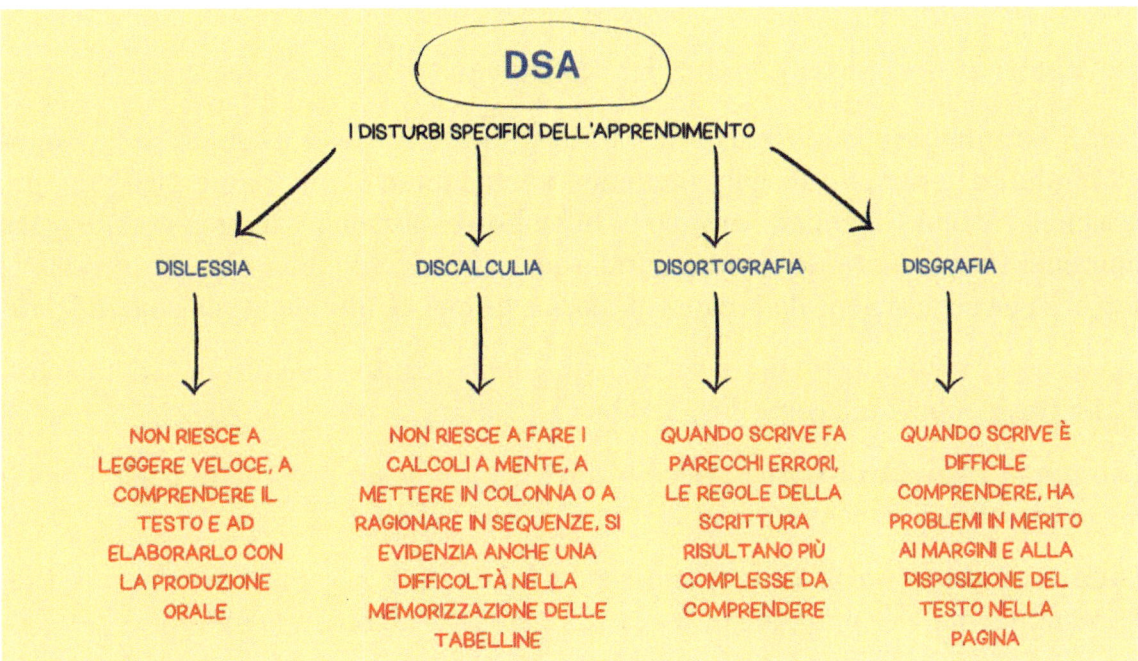

Il piano didattico personalizzato viene redatto dalla scuola e approvato dal direttore scolastico e si ha un massimo di tre mesi per concluderlo. I docenti possono scrivere questo piano per attuare una personalizzazione della didattica per gli studenti che ne hanno bisogno. Questi piani si rivelano fondamentali per i bambini e in generale per tutti gli studenti, così da fargli raggiungere i medesimi livelli dei loro compagni.

Oltre al DSA si hanno anche altri disturbi inerenti al deficit di attenzione o all'iperattività. Va fatto notare che chi soffre di disturbo dell'attenzione non si attiene a quella condotta in una maniera volontaria, in quanto l'operato manca di intenzionalità.

ASD, ovvero, disturbi dello spetto autistico (lieve). Anche in questo caso si usufruisce di quanto previsto dalla legge purché vi siano delle competenze intellettive giudicate nella norma.

I disturbi legati a degli svantaggi di natura culturale, linguistica o economica

Tali disturbi tendono a interessare le famiglie ritenute problematiche, molto povere o dove vi è una scarsa, se non del tutto insufficiente, conoscenza della lingua italiana. Possono essere portate all'evidenza dalla scuola stessa o dai servizi sociali che rilevano la situazione sul territorio.

Gli strumenti compensativi e la didattica personalizzata/individualizzata

Con il termine compensazione si fa riferimento a un'attività in grado di far superare all'alunno un determinato scoglio, mettendo lo studente sul medesimo piano dei propri compagni. Alcuni compiti troppo difficoltosi possono fungere da ostacolo all'apprendimento, pertanto è necessario saper individuare una via che promuovi la conoscenza e l'acquisizione delle capacità senza che queste ultime ne vengano inficiate.

In merito alla didattica è bene fare un distinguo in quanto i due termini sopracitati non sono affatto da intendersi come dei sinonimi.

Didattica individualizzata: tiene conto delle difficoltà presentate dagli alunni e si prefigge lo scopo di far conseguire a TUTTI gli stessi obiettivi.

Didattica personalizzata: il suo scopo è quello di diversificare i processi legati all'apprendimento; pertanto, in questo caso, si hanno degli obiettivi differenti.

Alcune terminologie: CTS, CTI, GLI, GLO, GLIR, GIT

CTS = sono i centri territoriali di supporto. Sono istituiti dagli USR e si collocano presso le scuole. Il loro lavoro si esplica in servizi di consulenza e di formazione ai genitori ma anche agli insegnanti sui temi di inclusione, apprendimento, disabilità e molto altro ancora.

Direttamente collegati ai CTS troviamo i CTI, definiti anche con il termine di centri territoriali per l'inclusione. Hanno le stesse funzioni dei precedenti pur operando su un territorio più piccolo.

GLI = definiti anche con il termine di gruppi di lavoro per l'inclusione sono presieduti dal dirigente scolastico e si occupano di identificare dei casi di BES tra gli studenti, andando così ad elaborare il piano di inclusione entro il mese di giugno. Il personale è composto da docenti curriculari, di sostegno, personale ATA e talvolta anche dagli stessi genitori.

GLO = sono i gruppi di lavoro sul tema dell'inclusione. Proprio a loro è affidato il compito di redigere il PEI, dove vi è incluso il progetto di sostegno relativo all'inclusione. Nella stesura del PEI possono richiedere il supporto dell'unità multidisciplinare.

GLIR = con questo acronimo ci si riferisce a un gruppo di lavoro a livello regionale presieduto dal dirigente dell'USR e svolge funzioni attive di supporto ai GIT. Nel GLIR vi partecipano figure di riferimento degli enti locali, associazioni o persone con un buon grado di rappresentatività a livello regionale.

GIT = il direttore dell'USR nomina un GIT, il quale viene presieduto da un dirigente tecnico o da un dirigente scolastico, oltre che dal personale particolarmente esperto e capace sul tema delle didattiche inclusive. Il compito principale di questo organismo è quello di dare attuazione, oppure no, in merito alle richieste di sostegno che il dirigente scolastico invia all'USR. Il GIT funge da supporto alle scuole nell'elaborazione del PEI.

La valutazione per gli alunni con BES

La valutazione per quanto riguarda l'esame di Stato di questi alunni avviene nel seguente modo:

Alunni disabili:

- Prove differenziate;
- Tempi più lunghi;
- Assistenti con il compito di promuovere l'autonomia.

Alunni con DSA e PDP:

- Tempi più lunghi;
- Strumenti compensativi.

Facciamo un esempio pratico: se un alunno ha difficoltà a sostenere l'esame di inglese oralmente lo può sostenere in forma scritta. Se gli alunni sono esonerati dall'insegnamento dalla lingua inglese, o da più prove, possono cimentarsi in prove non equipollenti: questo dà loro diritto a ricevere SOLO un attestato di credito formativo.

Alunni stranieri:

- Prove differenziate;
- Tempi più lunghi;
- Assistenti con il compito di mediatori culturali.

Le classificazioni ICF

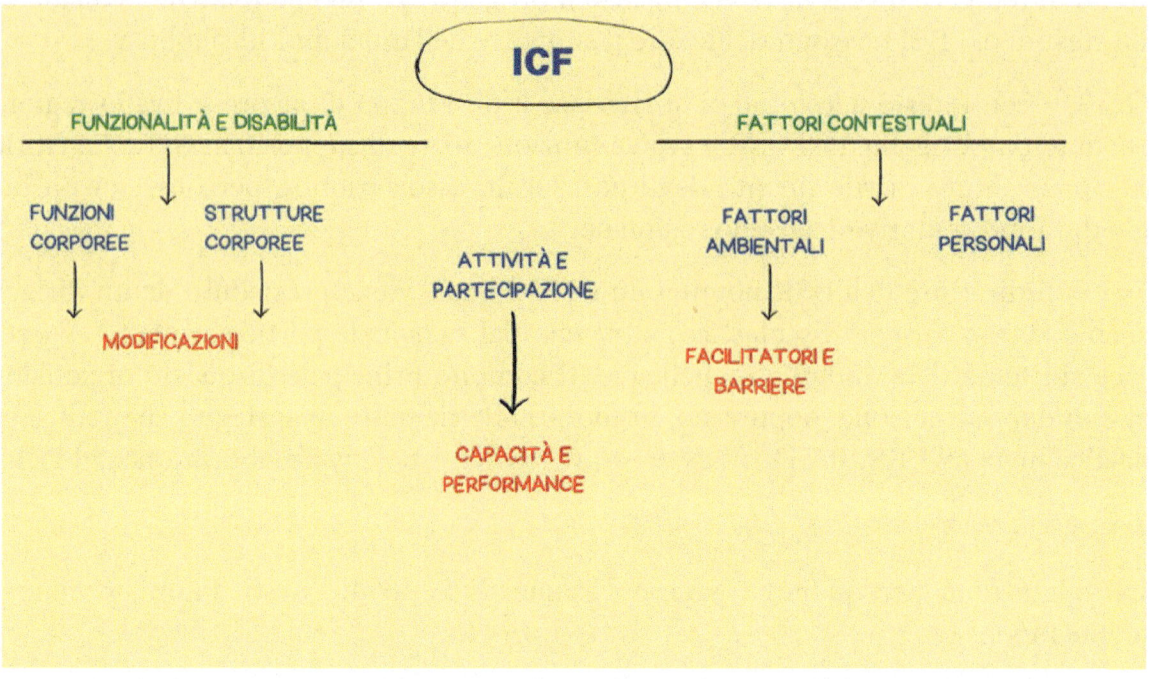

ICD = questa sigla sta per classificazione internazionale delle malattie. Dal modello ICD si è passati a quello ICIDH, dove vengono distinti i seguenti termini:

- MENOMAZIONE – ovvero la perdita o un'anomalia delle funzioni psicologiche, anatomiche o fisiologiche;
- HANDICAP – perdita della capacità di eseguire una data attività, definita come normale per tutti gli altri;
- DISABILITA' – principale svantaggio che, in un certo senso, limita o impedisce alcune funzioni ritenute normali da tutti gli altri.

L'ICF non si riferisce a uno stato di svantaggio ma piuttosto alla salute definita come livello di funzionamento, andando a indagare in vari fattori contestuali, i quali possono apportare un miglioramento o un peggioramento alla situazione iniziale. L'ICF si applica a TUTTI, non solo alle persone affette da disabilità.

Da ricordare: i fattori personali sono strettamente legati alla persona e possono riguardare la classe sociale, gli stili comportamentali, la salute, lo stile di vita e molto altro ancora.

ABA

Questa metodologia ha lo scopo di determinare dei CAMBIAMENTI A LIVELLO DI COMPORTAMENTO.

I punti su cui si fonda sono i seguenti:

• Prompting e fading (sollecitazione e riduzione a livello graduale).
Quando si desidera aumentare le probabilità che una persona compia una determinata azione glielo si suggerisce attraverso dei comandi specifici che la porteranno a eseguirla. Se ad esempio desidero che lo studente prenda il quaderno glielo posso suggerire mostrandogli la cartella dov'è contenuto.

• Il modeling avviene per imitazione. Quando si osserva un determinato comportamento è possibile che il soggetto interessato risponda imitando il comportamento della persona che sta osservando.

• Lo shaping ricorda un rinforzo ripetuto nell'ottica, sempre, dell'obiettivo da raggiungere.

• Il Chaining comprende una sequenza da rispettare per riuscire a compiere una determinata azione, come ad esempio il lavarsi i denti.

I disturbi del Neurosviluppo

In totale questi disturbi sono sette e in questo paragrafo tratteremo quelli che non sono stati menzionati nel BES.

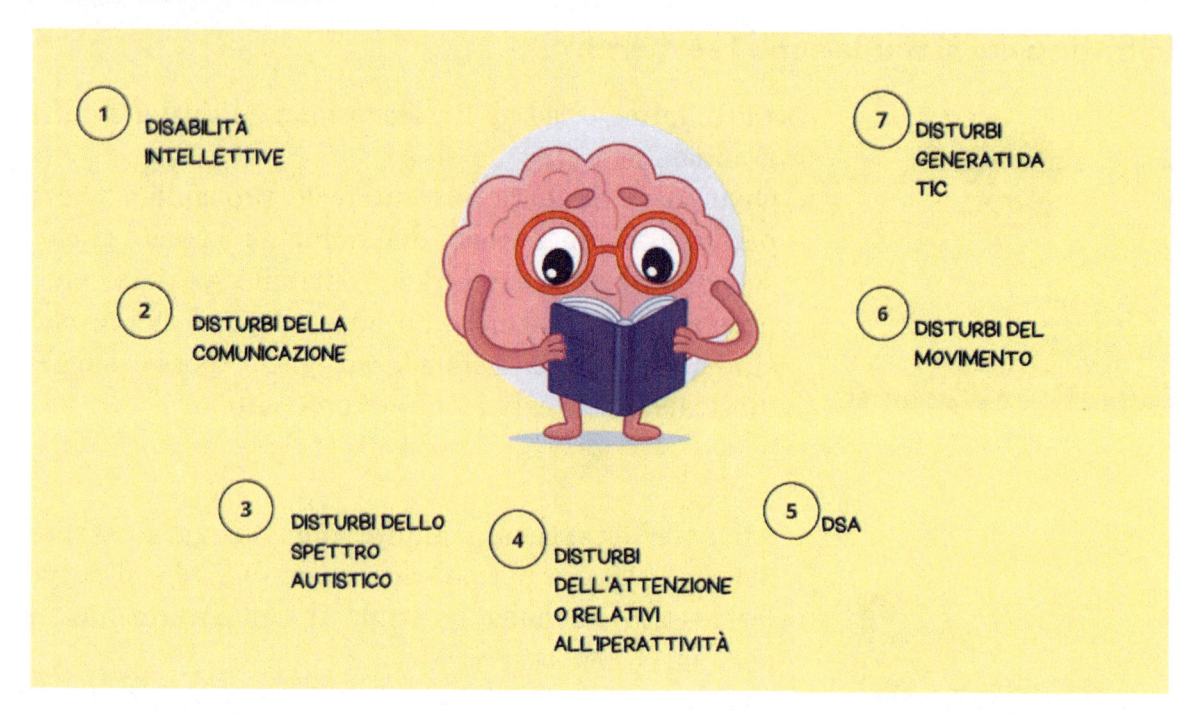

1. DISABILITÀ INTELLETTIVE
2. DISTURBI DELLA COMUNICAZIONE
3. DISTURBI DELLO SPETTRO AUTISTICO
4. DISTURBI DELL'ATTENZIONE O RELATIVI ALL'IPERATTIVITÀ
5. DSA
6. DISTURBI DEL MOVIMENTO
7. DISTURBI GENERATI DA TIC

Per quanto riguarda le disabilità intellettive vi sono tre criteri utili per la loro individuazione, ovvero:

- Un deficit delle funzioni intellettive;
- Un deficit dell'autonomia o della socializzazione (funzioni adattive);
- Insorgenza spontanea durante lo sviluppo.

La diagnosi viene effettuata attraverso dei test specifici, volti a misurare le funzioni intellettive e quelle adattive.

Quali sono le cause scoperte fino a oggi?

- Infezioni prese durante la gravidanza;
- L'utilizzo di farmaci;
- L'utilizzo di droghe;
- Sindromi genetiche specifiche come ad esempio quella di Down.

Quali sono in questo caso le migliori strategie da attuare a livello didattico?

- La didattica laboratoriale;
- Cooperative learning;
- Circle time;
- Impiego di legami empatici.

Disturbo dello spettro autistico

Come si riconosce questo disturbo?

- Si assiste a un peggioramento della comunicazione;
- Vi è un'interazione sociale insufficiente;
- Si ripetono molti pattern di comportamento;
- Non è una patologia degenerativa e si ipotizza che abbia un'origine biologica;
- Si manifesta molto precocemente.

Tale disturbo può presentare diversi livelli di gravità (in totale 3) per i quali vi è richiesto un supporto più o meno intenso:

Livello 1: supporto necessario / Livello 2: supporto importante / Livello 3: supporto molto importante.

L'area psico-pedagogica

In questo capitolo tratteremo nozioni di psico-pedagogica, ovvero la psicologia dell'educazione, essendo questa la scienza che studia le conseguenze psicologiche attribuite agli sviluppi educativi. Servirà a fornirvi le nozioni base delle teorie sull'apprendimento e a comprendere l'evoluzione di queste sul metodo dell'insegnamento. Gli studiosi di psicopedagogia convergono sull'apporto di migliorie alla scuola in modo che siano strutturate alle reali necessità degli allievi.

L'evoluzione dell'apprendimento

Per apprendimento si intende una modifica del comportamento dell'individuo dovuta all'interazione con l'esterno, apportando così nuove esperienze date da questi stimoli provenienti dall'ambiente.

La capacità di apprendere è il fondamento dello sviluppo e della sopravvivenza degli individui. L'apprendimento coinvolge moltissime specie animali oltre all'uomo ed è la chiave per il progresso.

Sulla base di nuove conoscenze e da questo processo influiscono diversi aspetti:

- ✓ Forme differenti di apprendimento attraverso esperienze individuali e collettive;
- ✓ Informazioni e stimoli derivati dall'ambiente esterno;
- ✓ Modelli, convenzionalismi, teorie e sviluppi delle organizzazioni educative;
- ✓ Processi che regolano lo scambio di informazioni ed eventuali mezzi di comunicazione.

Il meccanismo di realizzazione del sistema di conoscenza è definito per ogni individuo ed è composto dall'unione di componenti intuitive, quantitative e qualitative, condizionate da influenze sociali, culturali ed emotive.

Le principali teorie sull'apprendimento

Con l'apprendimento si acquisiscono:

- Nuove conoscenze: queste conoscenze possono essere basate su temi molto personali come esperienze e metodi di apprendimento soggettivi, ma anche date da stimoli provenienti dall'ambiente esterno, da modelli, o da condizioni formali della società in merito a tutto quello che sta alla base dello scambio di informazioni;
- Contribuisce all'evoluzione dell'individuo;
- Oltre all'influenza sociale e culturale la conoscenza della persona si stabilisce attraverso componenti di intuito e percezione sia qualitativa che quantitativa; deduciamo allora che l'apprendimento è propriamente un processo dinamico.

Come materia di studio vi sono: le emozioni, le abitudini, l'apprendimento e la personalità che vengono osservati e analizzati tramite i comportamenti e i costrutti inerenti alla personalità.

Queste teorie possono essere suddivise in tre grandi macroaree che sono:

1. Il comportamentismo;
2. Il cognitivismo;
3. Il costruttivismo.

1.1. Il comportamentismo dall'anglosassone *behaviour*, che significa comportamento. Scoperto agli inizi del Novecento si basa su come interagisce l'individuo nell'esprimere se stesso attraverso lo stimolo esterno dell'ambiente e per mezzo di una risposta come conseguenza, ovvero, il comportamento.

Si acquisisce conoscenza attraverso una connessione tra lo **stimolo** la **risposta** e la sua relativa **conseguenza**: lo stimolo dall'ambiente esterno, la risposta da un comportamento e la conseguenza da un rinforzo. Attraverso l'esercizio legato all'esperienza si crea un legame più rinforzato e diminuisce il tempo di acquisizione del segnale con la messa in pratica del comportamento.

Quindi, come già riportato, gli avvenimenti e gli obiettivi condizionano il comportamento della persona che impara, avente essa un proprio trascorso di rinforzi provenienti delle esperienze accadute e relative alle connessioni tra i segnali, come i comportamenti e le conseguenze. Il modo in cui è strutturata l'istruzione e l'insegnamento dipendono dall'approccio comportamentista relativo all'apprendimento.

Entrambi sono fondati sul condizionamento del comportamento.

Secondo Skinner, psicologo, considerato come il padre del comportamentismo (insieme a Watson) il comportamento umano è relazionato all'ambiente.

Per Skinner l'apprendimento si acquisisce mediante esperienze e sbagli legati alla Legge dell'Effetto, nella quale si collega lo stimolo e una risposta.

Risposta attrattiva = crea un effetto positivo e la persona è predisposta a ripetere il comportamento.

Al contrario, se la risposta è avversiva = genera una conseguenza negativa e l'individuo è propenso a desistere nel comportamento. Skinner al riguardo ideò l'esperimento nominato "Skinner box" diventato poi il più importante esempio per questo argomento.

Tale esperimento consiste nell'osservare un topo in una gabbia, con all'interno una leva che, solo se è premuta, emette del cibo. Valutando il suo comportamento Skinner si accorge che all'inizio il topo cerca di conoscere l'ambiente in cui si trova e inavvertitamente spinge la leva e trova quindi il cibo. All'inizio il topo non è conscio della relazione esistente tra leva e cibo, ma dopo vari tentativi se ne rende conto e inizia a premere ripetutamente la leva per ottenere cibo finché non si sente sazio.

Skinner definì questo processo con il termine di: rinforzo. Il rinforzo non è altro che uno stimolo che fa aumentare la consapevolezza che un comportamento passato e attuato possa ripetersi.

Il cibo invece è uno strumento in grado di rinforzare e che determina con maggiori probabilità che un comportamento sia ripetuto. Anche uno stimolo può diventare rinforzatore se rientra in determinate preferenze soggettive.

I rinforzatori possono essere distinti in primari e secondari.

I. I primari soddisfano bisogni biologici, ad esempio, il cibo appaga la fame;
II. I secondari diventano rinforzanti attraverso l'azione di quello primario, ad esempio, il denaro permette di comperare del cibo.

I rinforzatori hanno la medesima mansione della ricompensa: entrambi incrementano la probabilità di far ripetere un comportamento.

Differenza che li distingue: la ricompensa concerne solo eventi positivi.

Il rinforzatore positivo aumenta la probabilità di ripetere un comportamento precedente ed è uno stimolo proveniente dall'ambiente. Il rinforzatore negativo, invece, è uno stimolo spiacevole e la sua rimozione aumenta la probabilità di ripetere un comportamento.

> **STIMOLO RINFORZANTE**
>
> **=**
>
> **CIBO (RINFORZO CON FREQUENZA)**
>
> **=**
>
> **CONDIZIONAMENTO OPERANTE**

A differenza del condizionamento Classico di Pavlov, il quale dimostra che:

- L'associazione ripetuta in maniera continua di uno stimolo, sia incondizionato che condizionato, porta a una risposta condizionata simile o a una incondizionata in presenza dello stimolo che è condizionato;

- L'esperimento più celebre è quello del cane che aumenta secrezione di saliva allo stimolo condizionato, cioè la campana che suona ogni volta che arriverà il cibo e poi al suono senza il cibo, quindi la risposta precede lo stimolo.

Nel condizionamento operante di Skinner l'attenzione è puntata sul comportamento e alla sua relazione con le possibilità di rinforzo, cioè delle occasioni in cui a una specifica risposta arrivi una ricompensa. In questo modo si definisce il condizionamento di Pavlov "di tipo S" e quello di Skinner "condizionamento di tipo R".

Al senso opposto c'è la punizione che diminuisce le probabilità di ripetere un comportamento.

La punizione con l'ausilio di uno stimolo negativo, non piacevole, indebolirà la risposta. Essa raffigura l'azione immediata per modificare un comportamento.

Gli insegnanti utilizzano rinforzi selettivi manipolando così il comportamento, determinando capacità adatte al comportamento desiderato e facendolo proprio negli studenti.

Questo modello è conosciuto come il modello della trasmissione.

Tuttavia, il modello Skinneriano si distacca dalle tradizionali teorie stimolo-risposta distinguendo due differenti classi di stimoli:

1) Le risposte prodotte da stimoli appresi = rispondenti

2) Le risposte operanti = non hanno necessità di relazione con alcun stimolo.

2 Il Cognitivismo ci dice che l'apprendimento è un processo conoscitivo, il quale origina dalla necessità di realizzazione e di organizzazione del vero, contenuto nell'interazione tra se stessi e l'ambiente, studiato tra le altre cose analizzando i cambiamenti che hanno luogo a livello cognitivo nel soggetto e nella sua personalità.

Nella relazione tra motivazione e apprendimento influiscono fattori che lo condizionano.

Il cognitivismo guarda al concetto di persona connessa alla sua caratteristica biologica, alla sua vicenda evolutiva, al suo contesto sociale, culturale e tecnologico. Essa acquisisce informazioni dall'ambiente, le elabora ed esercita un controllo.

Ideato intorno al 1967 da Neisser il quale pone come fondamento del suo studio i processi mentali con cui si acquisiscono dati dallo stesso sistema cognitivo, i quali vengono poi sviluppati, assimilati e recuperati. Proprio lui conia il termine Cognitivismo.

È una corrente di studio che distingue la mente come un elaboratore di informazioni e studia i processi cognitivi in quanto:

- La mente riceve delle informazioni in entrata (input) dall'esterno;

Successivamente questi dati rielaborati e semplificati dalla testa...

- Vengono poi riconsegnati in dati in uscita (output).

La psicologia cognitiva quindi si occupa e approfondisce tutto quel che riguarda la mente e le emozioni dell'individuo:

- La percezione;
- La sensazione;
- L'impressione;
- Il pensiero;
- L'apprendimento;
- Il ragionamento;
- La risoluzione dei problemi;
- La memoria;
- L'attenzione;
- Il linguaggio e le emozioni.

In questo filone il comportamento assume una percezione differente, perché è guidato da processi cognitivi per risolvere i problemi, con l'apporto di continui miglioramenti per assicurare una soluzione migliore.

La retroazione = feedback orienta il comportamento verso una meta.

Lo psicologo Miller, attraverso i suoi lavori, determinò una svolta in merito al comportamento, teorizzato come il risultato di una elaborazione dell'informazione mirata alla risoluzione del problema.

- Secondo questa teoria l'apprendimento è rigorosamente connesso alle fasi evolutive del soggetto dove ciascuna di esse coincide con un determinato livello della conoscenza.
- Secondo il cognitivismo, la conoscenza è costantemente mediata e fondata sull'esperienza: lo sviluppo cognitivo è il risultato dell'elaborazione della conoscenza delle attività esterne del mondo e si concretizza con le attività operative.

Va ricordato che lo studio della nascita e dello sviluppo dei processi cognitivi dipende anche dalla cultura e dalla condizione dell'organizzazione mentale.

Secondo Jean Piaget, conosciuto come il maggiore rappresentante della teoria Cognitivista, l'interazione tra fattori individuali ed esterni è distinta in:

- Assimilazione (comprendere e includere in uno schema mentale un oggetto o una condizione);
- Accomodamento (ottimizzazione dello schema iniziale per adeguarlo a un oggetto o a una situazione).

Per J.S. Bruner il soggetto usa capacità motrici, sensoriali e riflessive per accrescere culturalmente, in maniera differente a seconda dell'ambiente, in relazione all'età e alla fase evolutiva del soggetto stesso.

Rispetto al comportamentismo, il cognitivismo pone in primo piano la mente, intesa come strumento complesso che elabora e connette. Il cambio di comportamento è studiato attentamente come accade nel comportamentismo, ma è incentrato su quello che accade nella mente del discente. Ci sono, infatti, diversi fattori che condizionano il successo nella relazione tra apporto e apprendimento.

Questo pensiero considera la realtà oggettiva pertinente a ogni momento e situazione della vita, utilizzando la realtà esterna anche sotto l'influenza sociale e culturale secondo un proprio modello mentale, esistente a livello cognitivo. Qui il discente è passivo perché interpreta la realtà secondo modelli sociali, ma è attivo nell'azione di mettere in pratica un comportamento processato dalla sua mente.

Si estranea dal cognitivismo dove impronta il processo di causa-effetto. Qui l'individuo è capace di formulare fattori esterni in maniera personale. Elabora le conoscenze che arrivano dal mondo esterno ponendole in un proprio schema, in questo modo fa sua una conoscenza.

La struttura che si basa sul cognitivismo per l'istruzione e l'insegnamento ha come tema centrale la trasmissione di modelli mentali che dovrà seguire il discente. Scopo dei metodi di insegnamento sarà quello di dare la possibilità agli studenti di:

- Osservare;
- Ideare;
- Scoprire.

Cosa? Strategie cognitive adeguate ad un determinato contesto.

L'insegnante, offrendo spunti, feedback e promemoria, va a procurare il supporto necessario su cui ogni studente controllerà in maniera autonoma i processi di apprendimento.

L'apprendimento è sequenziale e deve essere effettuato facendo sì che il discente possa padroneggiare le molteplici skill richieste da una attività, e identifichi le situazioni in cui applicarle. Il concetto appena espresso richiama un altro termine importante, quello del problem solving.

Ciò richiede un'impostazione che consenta agli studenti di affrontare diversi dettagli tenendo una salda visione generale e dando loro man mano una sequenza di compiti sempre più complessi, relativi a differenti situazioni, con il fine di migliorare l'apprendimento. Il Cognitivismo segue il filone della psicologia della forma, dalla Gestalt, del problem solving e dell'insight.

Cognitivismo di Howard Gardner

Il Cognitivismo è una teoria dell'apprendimento che si basa sulla comprensione dei processi mentali che stanno alla base dell'apprendimento. Uno dei maggiori esponenti del Cognitivismo è Howard Gardner, uno studioso americano nato nel 1943. Gardner ha sviluppato la teoria delle "intelligenze multiple", secondo cui l'intelligenza non è un'unica entità, ma è composta da diverse forme di intelligenza, ognuna delle quali rappresenta una modalità diversa di apprendimento e risoluzione dei problemi.

Secondo Gardner ogni individuo possiede tutte le intelligenze in misura diversa e può sviluppare ciascuna di esse attraverso l'esperienza e l'apprendimento. Questa teoria ha importanti implicazioni per la didattica e l'educazione in generale, poiché suggerisce che gli insegnanti dovrebbero adottare approcci diversificati per soddisfare le esigenze individuali degli studenti. Inoltre, il Cognitivismo di Gardner si oppone al comportamentismo, una teoria dell'apprendimento la quale sostiene che il comportamento umano è determinato dall'ambiente esterno e dalle conseguenze delle azioni.

Al contrario, il Cognitivismo riconosce l'importanza dei processi mentali interni nell'apprendimento e nella risoluzione dei problemi. In sintesi, il Cognitivismo di Howard Gardner rappresenta un importante contributo alla comprensione dell'apprendimento umano e ha importanti implicazioni per la didattica e l'educazione in generale.

Riassumendo:

- Secondo Howard Gardner esistono 9 tipi fondamentali di intelligenza, localizzati in diverse parti del cervello: Linguistica, Logico-matematica, Spaziale, Corporeo-cinestetica, Musicale, Interpersonale, Intrapersonale, Naturalistica ed Esistenziale.

- Queste abilità possono essere sviluppate attraverso l'esercizio, ma possono diminuire con il tempo.

- Ogni macro-gruppo possiede vari sottotipi, rendendo difficile la classificazione di tutte le manifestazioni dell'intelligenza umana.

3.1 Il costruttivismo

Il costruttivismo trae origine ed evolve la propria teoria proprio dall'approccio cognitivista e pone il soggetto che apprende al centro della formazione. Diversamente dal presupposto per cui si designa l'insegnante come sapere indiscusso, indipendente da un contesto di riferimento.

In questa corrente la conoscenza:

- Viene realizzata attivamente dal soggetto;
- È assolutamente legata alla situazione precisa nella quale ha luogo l'apprendimento;
- Scaturisce dalla comunicazione interpersonale e dalla collaborazione collettiva.

SEYMOUR PAPERT (1928) è considerato il fondatore del Costruttivismo.

Papert sviluppa i suoi studi ed elabora il concetto di "artefatti cognitivi", ossia degli strumenti necessari per facilitare l'apprendimento dei bambini.

Secondo il **Costruttivismo**, l'individuo costruisce la propria conoscenza del mondo in cui vive mediante la considerazione delle proprie esperienze. Ogni persona genera i propri "modelli mentali" che utilizza per attribuire significato alle esperienze vissute

L'apprendimento, quindi, è un processo dove l'individuo costruisce i suoi modelli mentali basandosi sulle proprie esperienze.

Con il costruttivismo si ha un passaggio da un approccio oggettivistico centrato sul contenuto da apprendere (dato al di fuori del soggetto e trasferito nella miglior forma possibile nella mente dello studente) a **un approccio soggettivistico**, centrato sul soggetto che apprende e sul pensiero che la conoscenza sia personale e derivata dalla rielaborazione individuale e dalle esperienze personali. L'errore, come espressione di mancato apprendimento, assume un valore negativo ma grazie al costruttivismo guadagna un valore **positivo** perché porta alla riflessione e all'autovalutazione dei comportamenti cognitivi. In questa prospettiva l'errore assume valenza come uno stimolo predisposto per nuovi apprendimenti. La concezione dell'errore in maniera Costruttivista rappresenta il fattore di maggiore impatto educativo di questa teoria. In questa teoria non si punta ad acquisire specifici contenuti pre-contestualizzati, ma piuttosto a creare un proprio metodo di apprendimento in grado di rendere l'individuo **autonomo** nel corso dell'acquisizione della conoscenza.

Infatti, l'obiettivo della formazione non sarà offrire alla persona un'istruzione codificata, bensì quel ruolo portante stesso della conoscenza, ovvero, farle conoscere quello di cui ha bisogno, perché solo il vero sapere è in grado di far acquisire altro sapere. Il contesto formativo sarà predisposto in modo tale da poter offrire una varietà di stimoli, di accesso ai contenuti e di percorsi personalizzati. Come diceva H. Jonassen (1994): *l'apprendimento è definito considerevole se riesce a completarsi in queste sette caratteristiche:*

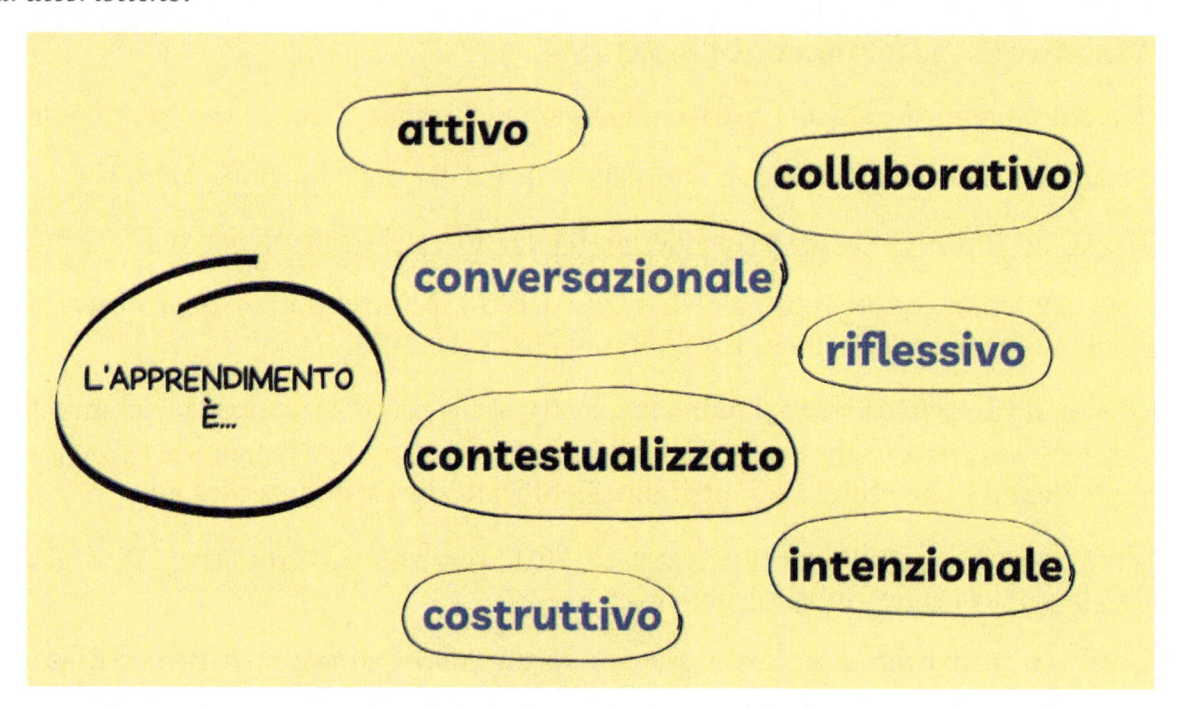

L'APPRENDIMENTO È...
- attivo
- collaborativo
- conversazionale
- riflessivo
- contestualizzato
- intenzionale
- costruttivo

Le principali teorie sullo sviluppo

La psicologia che studia lo sviluppo si occupa dell'osservazione delle fasi evolutive. Nello specifico studia il modo in cui ha origine la cognizione e il mutamento del comportamento con il trascorrere dell'età.

Le principali teorie sullo sviluppo che tra poco spiegheremo sono: la Gestalt, la psicoanalisi, il comportamentismo, la psicologia cognitiva, la teoria di Piaget e di Vygotskij.

La psicologia della Gestalt

Dal tedesco "rappresentazione", è stata una tra le prime teorie scientifiche nate in psicologia.

- È incentrata sulla percezione e l'esperienza
- I fondatori: Max Wertheimer, Koffka, Köhler.

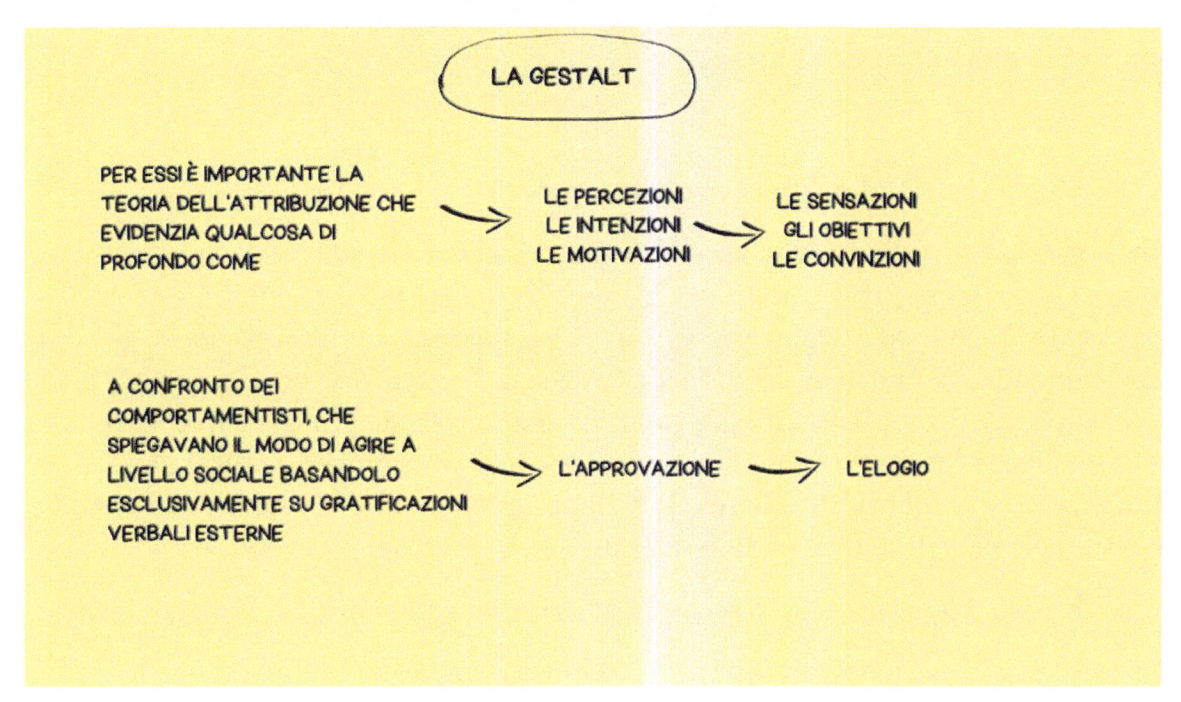

```
                        LA GESTALT

PER ESSI È IMPORTANTE LA
TEORIA DELL'ATTRIBUZIONE CHE      LE PERCEZIONI      LE SENSAZIONI
EVIDENZIA QUALCOSA DI     →       LE INTENZIONI  →   GLI OBIETTIVI
PROFONDO COME                     LE MOTIVAZIONI     LE CONVINZIONI


A CONFRONTO DEI
COMPORTAMENTISTI, CHE
SPIEGAVANO IL MODO DI AGIRE A
LIVELLO SOCIALE BASANDOLO     →   L'APPROVAZIONE  →  L'ELOGIO
ESCLUSIVAMENTE SU GRATIFICAZIONI
VERBALI ESTERNE
```

I loro studi si incentrano sugli aspetti della percezione e del ragionamento relativi alla risoluzione di un problema. Questa corrente consentì di studiare come avviene l'apprendimento, come funziona la memoria, come viene formulato il pensiero e a favorire degli studi riguardanti la psicologia in ambito sociale.

Secondo la Gestalt, per poter apprendere l'essere umano usa delle strutture di natura biologica che impara a utilizzare durante la sua crescita. Non si evidenzia quindi nel processo evolutivo una nascita e uno sviluppo di processi cognitivi ma la scoperta graduale di competenze a livello cerebrale.

Di fatto, riguardo all'apprendimento, la Gestalt è in opposizione:

- Al modello comportamentista = secondo il quale gli animali risolvono le problematiche attraverso tentativi ed errori.

Afferma invece la Gestalt = la centralità del pensiero, dell'intuizione e della comprensione personale.

Secondo gli studiosi di questa teoria, le basi del comportamento sono legate a come viene percepita la realtà e non a come essa sia realmente, quindi come fondamento della teoria della Gestalt si pone lo studio dei processi percettivi secondo i fenomeni che compongono il mondo circostante.

La psicoanalisi

La nascita del suo studio si deve al celebre Freud.

Analizzando l'etimologia della parola notiamo che comunica da sé il significato: psiche deriva dal greco anima, trasformata poi in mente e analisi; dunque, analisi della mente. In questi studi Freud si addentra negli impulsi inconsci e ne relaziona gli esiti al comportamento. Quindi non si parla di coscienza bensì di inconscio che rappresenta un'evoluzione nel comprendere l'età infantile e adolescente. In principio si punta alla ricerca del livello inconscio dell'individuo osservando determinati disturbi mentali, poi ci si addentra verso l'infanzia. Studiando lo sviluppo del bambino la psicoanalisi afferma che esso ha la necessità di soddisfare una serie di bisogni in ogni fase evolutiva:

classificati in una serie di fasi a seconda di come vengano appagate queste esigenze.

La psicoanalisi evidenzia lo sviluppo psicologico anche in ambito sessuale e il ruolo importante che esso ha dalle prime fasi dello sviluppo. Ovvero, che il bambino deve superare in parti psichiche diverse, riferite agli organi sessuali, un conflitto per erigere la propria personalità, iniziando circa dai due anni di età. Il conflitto si evince tra la necessità di soddisfare un piacere, ovvero, una pulsione interna che poi si deve relazionare con la realtà esterna definita come mondo. In sintesi: la contrapposizione tra l'istinto di autoconservazione e la pulsione sessuale, senza dimenticare il conflitto tra l'impulso della vita e la spinta generata dalla morte. Le fasi sono:

1. Anale;
2. Orale;
3. Fallica;
4. Genitale.

Freud ripartisce la psiche in tre principali parti della coscienza, ovvero, lo stato:

- Conscio;
- Preconscio;
- Inconscio. (Qui vi sono racchiuse le pulsioni e tutto quello che non è noto alla coscienza ma che comunque si manifesta).

Età	Fase	Zona erogena	Compiti evolutivi	Possibili esiti problematici in età adulta
0-1	Orale	Bocca	Svezzamento	Comportamenti orali disfunzionali, vizio del fumo, disturbi alimentari
2-3	Anale	Ano	Controllo degli sfinteri	Esibizionismo, sadismo, masochismo, identità sessuale confusa o all'opposto parsimonia, ordine e ostinazione
4-5	Fallica	Genitali	Complesso di Edipo	Imprudenza e superbia o l'opposto
6-12	Di latenza	Nessuna	Sviluppo cognitivo e dei meccanismi di difesa, interiorizzazione delle norme sociali	Inibizione e repulsione per la vita sessuale, pudore
13-18	Genitale	Genitali	Identità sessuale matura, ricerca del partner, autonomia e socializzazione	Conseguenze di esperienze sessuali traumatiche

Altri esponenti della psicoanalisi sono Melaine ed Erikson.

Melaine Klein era una psicoanalista e autrice austro-britannica che ha dato contributi significativi nel campo dell'analisi infantile. Nata il 30 marzo 1882 a Vienna, in Austria, trascorse la maggior parte della sua vita a Londra, in Inghilterra, dove divenne un membro molto influente della *British Psychoanalytical Society*.

L'interesse della Klein per la psicoanalisi iniziò quando fu introdotta al lavoro di Sigmund Freud dal suo primo marito. In seguito si sottopose ad analisi con Karl Abraham e divenne membro dell'Istituto psicoanalitico di Berlino. Nel 1926 si trasferì a Londra e qui iniziò a praticare.

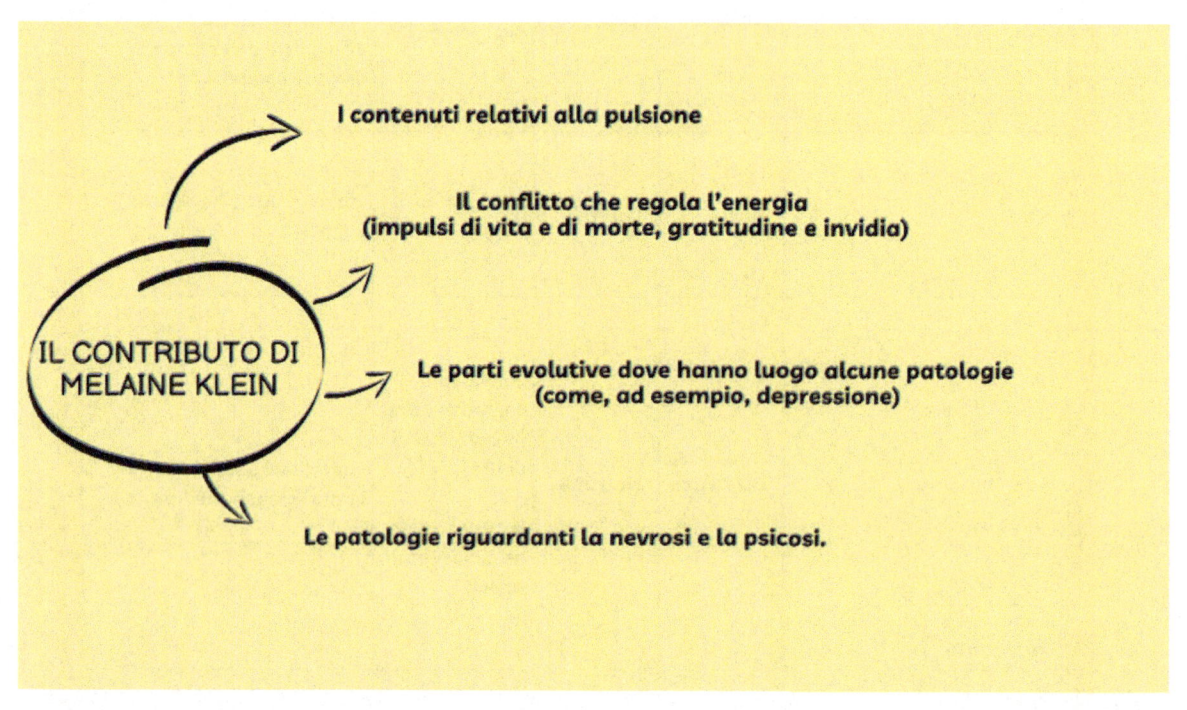

IL CONTRIBUTO DI MELAINE KLEIN
- I contenuti relativi alla pulsione
- Il conflitto che regola l'energia (impulsi di vita e di morte, gratitudine e invidia)
- Le parti evolutive dove hanno luogo alcune patologie (come, ad esempio, depressione)
- Le patologie riguardanti la nevrosi e la psicosi.

Il lavoro della Klein si è concentrato sull'analisi dei bambini e sul loro comportamento di gioco. Ha sviluppato una tecnica nota come terapia del gioco che prevedeva l'osservazione dei bambini mentre giocavano per ottenere informazioni sui loro pensieri e sentimenti inconsci. Le sue teorie sullo sviluppo della prima infanzia e sulle relazioni oggettuali hanno avuto un impatto significativo sul campo della psicoanalisi. Introdusse anche diversi nuovi concetti alla teoria psicoanalitica, tra cui la posizione paranoide-schizoide e la posizione depressiva. Queste idee hanno ampliato le teorie di Freud sulla psiche umana e hanno contribuito a plasmare la moderna pratica psicoanalitica.

Nonostante abbia affrontato polemiche durante la sua carriera, i suoi contributi alla psicoanalisi hanno avuto un impatto duraturo sul campo. Il suo lavoro continua a essere studiato e applicato dagli psicologi di tutto il mondo.

Di particolare rilevanza per la Klein è la relazione del soggetto con la madre, essendo un punto determinante riguardante lo sviluppo psichico del bambino e, di conseguenza, dell'adulto. Erikson, psicoanalista tedesco, invece analizza otto fasi riguardanti i processi di sviluppo individuale

Età	Qualità dell'io che devono svilupparsi	COMPITI E ATTIVITÀ RELATIVI ALLE FASI
0-1	Fiducia alla base o sfiducia	Fiducia nella madre e nelle proprie capacità di far accadere le cose. Elemento chiave per un attaccamento sicuro
2-3	Autonomia, vergogna o dubbio	Nuove abilità fisiche lo rendono più autonomo, viene educato al controllo degli sfinteri, apprende per controllarsi ma se il trattamento è inadeguato può sviluppare vergogna
4-5	Iniziativa o senso di colpa	Organizza attività finalizzate, diventa più determinato e aggressivo; Il complesso di Edipo verso il genitore di sesso opposto può scaturire senso di colpa
6-12	Inferiorità o industriosità	Apprende tutte le norme e el attività culturali di base, incluse le scolastiche e come usare gli attrezzi
13-18	Identità o confusione	Adatta la conoscenza di sé ai cambiamenti della pubertà, compie scelte professionali, raggiunge un'identità sessuale adulta e cerca nuovi valori
19-25	Intimità o isolamento	Instaura uno o più rapporti intimi che vanno al di fuori dell'amore adolescenziale. Forma gruppi familiari
26-40	Stagnazione o generatività	Procrea e cresce figli, si concentra sulle conquiste professionali o sulla creatività e addestra la nuova generazione
41 e oltre	Integrità o disperazione	Integra le fasi precedenti e trova un accordo con la propria identità di base, si accetta

Seguendo questo filone, specificato nelle teorie biologiche, troviamo John Bowlby. Psicoanalista britannico, studioso degli aspetti che determinano il legame madre-bambino, ha elaborato la teoria dell'attaccamento e della perdita, correlando l'instaurazione dei legami affettivi nell'ambito familiare.

Il comportamentismo

Il comportamentismo è un approccio psicologico emerso all'inizio del XX secolo. Si è trattato di un cambiamento radicale che ha spostato l'attenzione dal tradizionale focus sulla coscienza allo studio del comportamento osservabile. Questo approccio ha sottolineato l'importanza degli stimoli ambientali e del rinforzo nel modellare il comportamento. Una delle figure chiave di questo movimento era John B. Watson, il quale credeva che la psicologia dovesse occuparsi solo del comportamento osservabile e non dei processi mentali. Ha sostenuto che il comportamento viene appreso attraverso il condizionamento classico, in cui un individuo impara ad associare una particolare risposta a uno stimolo specifico.

Un altro importante contributo a questo campo è stato quello di Ivan Pavlov, che ha scoperto il condizionamento classico mentre studiava la digestione nei cani. La sua ricerca ha dimostrato che i cani potrebbero essere condizionati a salivare al suono di una campana se fosse ripetutamente abbinata al cibo.

Il comportamentismo ha avuto un impatto significativo sulla psicologia e su altri campi come l'educazione e la terapia. Ha portato allo sviluppo di tecniche come il condizionamento operante e la modifica comportamentale che vengono utilizzate per trattare vari disturbi.

Nonostante i suoi contributi, il comportamentismo è stato criticato per la sua limitata attenzione al comportamento osservabile e per il disprezzo riguardo i processi mentali interni. Tuttavia rimane una prospettiva influente nella psicologia odierna. Secondo i comportamentisti il bambino, attraverso una serie di risposte incondizionate e innate con le quali nasce, associandole all'esperienza, le somma agli stimoli per generare poi comportamenti sempre più complessi. I maggiori esponenti del comportamentismo sono Skinner, Pavlov e Tolman.

La psicologia cognitiva

La psicologia cognitiva è una branca della psicologia che si concentra sullo studio dei processi mentali, come la percezione, il pensiero, la memoria e l'apprendimento. Quest'area della psicologia si focalizza sul modo in cui le persone elaborano le informazioni e le utilizzano per prendere decisioni e risolvere problemi.

Tale psicologia è stata influenzata nel tempo da diverse teorie, tra cui il comportamentismo e lo strutturalismo. Tuttavia il suo obiettivo principale è capire come gli esseri umani elaborano e utilizzano le informazioni.

Gli studi in quest'area possono aiutare a comprendere meglio il funzionamento della nostra mente e a migliorare la nostra capacità di apprendere e ricordare le informazioni. Inoltre, può risultare utile per sviluppare tecniche di insegnamento più efficaci o per trattare disturbi mentali come la depressione o l'ansia. In breve, la psicologia cognitiva è una disciplina affascinante che ci permette di esplorare i complessi processi mentali che avvengono nella nostra mente. L'individuo, infatti, è visto come un elaboratore di informazioni attraverso le quali realizza rappresentazioni personali riguardo la realtà del mondo.

Jean Piaget per lo sviluppo del linguaggio

Jean Piaget è stato uno psicologo svizzero che ha studiato lo sviluppo cognitivo dei bambini. Secondo la sua teoria lo sviluppo del linguaggio dei bambini riflette lo sviluppo del loro pensiero logico e delle loro abilità di ragionamento. Piaget ha identificato quattro stadi di sviluppo cognitivo nei bambini: lo stadio sensorimotorio, lo stadio preoperatorio, lo stadio delle operazioni concrete e lo stadio delle operazioni formali.

Durante lo stadio sensorimotorio, che va dalla nascita ai 2 anni circa, i bambini imparano a coordinare i loro movimenti fisici con le percezioni sensoriali. In questo periodo il linguaggio è limitato alle espressioni vocali e ai gesti.

Nello stadio preoperatorio, che va dai 2 ai 7 anni circa, i bambini iniziano a utilizzare il linguaggio per rappresentare oggetti e concetti. Tuttavia, il loro pensiero è ancora molto egocentrico e non sono in grado di comprendere i punti di vista degli altri.

Nello stadio delle operazioni concrete, che va dai 7 agli 11 anni circa, i bambini acquisiscono la capacità di ragionare in modo logico su oggetti concreti e situazioni reali. In questo periodo il loro linguaggio diventa più sofisticato e preciso.

Infine, nello stadio delle operazioni formali che inizia intorno all'età di 12 anni e continua fino all'età adulta, i bambini acquisiscono la capacità di ragionare in modo astratto su idee complesse e concetti teorici. Il loro linguaggio diventa ancora più sofisticato e possono utilizzare metafore e simboli per rappresentare idee complesse. In sintesi, secondo la teoria di Jean Piaget sull'acquisizione del linguaggio nei bambini, il linguaggio riflette l'evoluzione del pensiero logico dei bambini attraverso quattro fasi distinte. Questa teoria ha avuto un impatto significativo sulla comprensione dello sviluppo cognitivo dei bambini ed è stata ampiamente studiata anche nel campo della psicologia dello sviluppo. Volendo riassumere il bambino costruisce la sua realtà a seconda dei problemi che incontra, pertanto, il suo mondo muta con quello che apprende.

Piaget e le fasi dello sviluppo:

- Stadio senso-motorio da 0 ai 2 anni;
- Stadio preoperatorio dai 2 ai 6 anni;
- Stadio operatorio concreto dai 6 ai 12;
- Stadio operatorio formale dai 12 anni in poi.

Teorie dello sviluppo organismiche: Lev Vygotskij

Come Piaget affrontò lo sviluppo con una prospettiva costruttivista, ma si concentrò sugli aspetti culturali e sociali che influivano sullo sviluppo stesso.

Lo sviluppo, secondo Lev Vygotskij, è tutt'uno con l'ambiente sociale poiché, per trasmettere i principali modelli comportamentali e organizzativi riguardanti la conoscenza, sono necessarie sia la società che la cultura collettiva.

Il suo pensiero, in sintesi, è che la cultura influenza le attività cognitive.

Lev Vygotskij è stato uno psicologo russo che ha contribuito significativamente allo studio dello sviluppo cognitivo dei bambini. La sua teoria, nota come la teoria socioculturale o della zona di sviluppo prossimale, sostiene che lo sviluppo cognitivo avviene attraverso l'interazione sociale e culturale.

Secondo Vygotskij i bambini imparano attraverso l'interazione con gli altri e con il loro ambiente. Egli credeva che il linguaggio fosse un importante strumento per lo sviluppo cognitivo e che il pensiero e il linguaggio fossero strettamente interconnessi.

Nello studio inerente al bambino si rivolge alle funzioni che permettono il ragionamento complesso, ovvero, la costruzione della sua realtà tramite quello che riceve dalla società = socio-costruttivismo.

Inoltre, Vygotskij ha proposto la nozione di "zona di sviluppo prossimale" che si riferisce alla differenza tra ciò che un bambino può fare da solo e ciò che può fare con l'aiuto di un adulto o di un altro bambino più esperto. Secondo questa teoria lo sviluppo cognitivo avviene quando i bambini sono esposti a nuove idee e concetti nella loro zona di sviluppo prossimale. Vygotskij ha anche sostenuto l'importanza dell'apprendimento collaborativo, in cui i bambini lavorano insieme per risolvere problemi e raggiungere obiettivi comuni. In questo modo i bambini possono apprendere dagli altri e migliorare le loro abilità sociali.

In sintesi, secondo la teoria socioculturale di Lev Vygotskij, lo sviluppo cognitivo avviene attraverso l'interazione sociale e culturale. Il linguaggio gioca un ruolo fondamentale nello sviluppo cognitivo dei bambini e la zona di sviluppo prossimale rappresenta una chiave per comprendere come i bambini apprendono nuovi concetti e idee.

Sviluppo del linguaggio

Il processo di sviluppo del linguaggio nei bambini è un percorso complesso e variegato, che si evidenzia in diverse fasi. Queste sono caratterizzate da progressi significativi nella capacità di comunicare attraverso il linguaggio, sia a livello verbale che non verbale.

Le principali fasi dello sviluppo del linguaggio sono:

Fase prelinguistica: dalla nascita al primo anno di vita il bambino emette suoni vocali e inizia a comprendere la comunicazione non verbale.

Fase delle balbuzie: dai 6 ai 12 mesi circa il bambino comincia a produrre suoni ripetuti di consonanti e vocali.

Fase delle prime parole: dai 12 ai 18 mesi circa il bambino comincia a pronunciare le prime parole e ad associarle a oggetti o azioni specifiche.

Fase della combinazione delle parole: dai 18 ai 24 mesi circa il bambino comincia a combinare due o più parole per formare frasi semplici.

Fase della grammatica complessa: dai 2 ai 5 anni circa il bambino acquisisce la capacità di utilizzare la grammatica complessa e di comprendere i concetti astratti.

Ogni bambino ha un ritmo individuale nello sviluppo del linguaggio, ma ci sono alcune tappe fondamentali che tutti i bambini attraversano. Ad esempio:

- Dai primi mesi di vita il bambino è in grado di distinguere i suoni universali del linguaggio;
- Dai 6-10 mesi il bambino inizia ad associare i suoni alle parole e impara a riconoscere le persone familiari dal loro modo di parlare;
- Dai 12-18 mesi il bambino comincia a utilizzare le prime parole per comunicare con gli altri;

- Dai 18-24 mesi il bambino comincia a utilizzare frasi semplici per esprimere concetti più complessi.

Anche in merito al linguaggio sono noti gli studi di Piaget e Vigotskij per i quali, in sostanza, la differenza si evidenzia in questi punti:

- Per Piaget il pensiero si sviluppa in maniera disconnessa dal linguaggio essendo questo proprio un risultato del pensiero;
- Mentre per Vygotskij il linguaggio, in special modo quello interiorizzato, genera uno slancio per la formazione dei pensieri.

Sviluppo della comunicazione: John Austin

John Austin è stato un filosofo del linguaggio britannico che ha influenzato notevolmente lo studio della comunicazione verbale. Il suo lavoro si concentra sulla funzione dell'azione del linguaggio e sulla capacità delle parole di creare effetti sul mondo.

Austin ha sviluppato la teoria degli atti linguistici secondo la quale le parole non solo descrivono il mondo ma possono anche agire su di esso.

Secondo Austin, gli atti linguistici possono essere divisi in tre categorie principali:

- Atti locutori: si riferiscono alla produzione di suoni e parole in una lingua specifica;
- Atti illocutori: si riferiscono all'intenzione dell'oratore nel produrre un discorso o una frase;
- Atti perlocutori: si riferiscono agli effetti che le parole hanno sui destinatari del messaggio.

Inoltre, Austin ha introdotto il concetto di "felicità" degli atti linguistici, ovvero, la possibilità che l'atto stesso sia realizzato con successo. Ad esempio, se qualcuno chiede a qualcun altro di fare qualcosa e la persona risponde "certo", l'atto viene considerato felice solo se la persona effettivamente fa ciò che è stato richiesto. In sintesi: la teoria degli atti linguistici di John Austin ha rivoluzionato lo studio della comunicazione verbale attraverso l'enfasi posta sull'importanza dell'intenzione nella produzione del linguaggio e sulla capacità delle parole di creare effetti sul mondo. Questa teoria ha aperto nuove strade nella comprensione della natura dei messaggi verbali e della loro funzione sociale.

Teorie della personalità

Secondo Maslow le persone hanno dei bisogni da soddisfare. Dopo una breve spiegazione dei bisogni vedremo come sono interconnessi con i valori secondo Schwartz. I bisogni sono classificati per stadi e Maslow propone una scala, o piramide dei bisogni, nella quale non è possibile procedere verso il gradino successivo se prima non vengono soddisfatti quelli primari. La struttura gerarchica nella quale l'individuo viene rappresentato attraverso l'insieme di tutti i bisogni è la seguente:

Secondo Maslow gli individui sono unici e irripetibili, mentre i bisogni sono comuni per tutti. Infatti, per migliorare la condizione delle persone è necessario appagare i bisogni elementari. Non è possibile autorealizzarsi per l'uomo o dedicarsi ai bisogni sociali se non si sente sicuro o avverte un pericolo per la propria vita, ed è proprio per questa ragione che è necessario soddisfare ogni bisogno, partendo dal gradino più grande della piramide per poi procedere verso quello più piccolo.

Piramide dei bisogni di Maslow

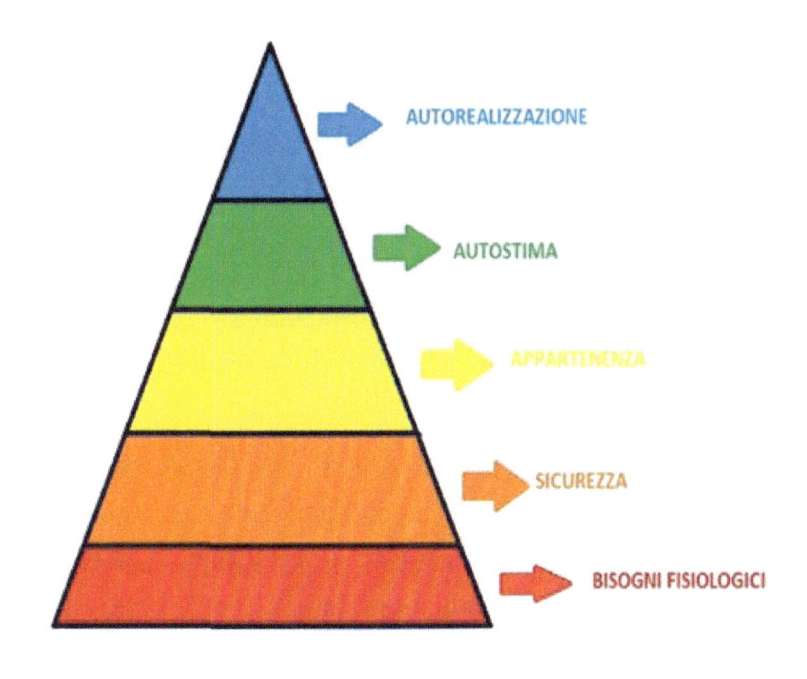

Secondo Shwartz quanto più sono chiari i valori, tanto più è possibile gestire i bisogni al meglio. Qui l'elemento principe è appunto la chiarezza e non vi è nessun stadio o gradino da soddisfare, le persone devono solo aver chiaro quello che vogliono per poi raggiungerlo.

Tratti della persona

È possibile pensare a questi tratti come degli aspetti dell'esistenza. Nel definire il rapporto tra persona e ambiente i sostenitori del criterio riguardante i tratti adottano concetti differenti.

Lewis Goldberg incentra lo studio della misurazione della personalità basato sui tratti personali attraverso i "Big Five", nello specifico i fattori riguardanti cinque grandi dimensioni dove le valutazioni sono riconosciute in aggettivi che appaiono come un esempio del lessico di personalità:

- L'estroversione / Introversione
- Gradevolezza / Sgradevolezza
- Coscienziosità / Negligenza
- Nevroticità / Stabilità emotiva
- Apertura mentale / Chiusura mentale

Grazie a questa teoria si ipotizza che i comportamenti abituali corrispondano a delle precise espressioni psicologiche. Uno degli elementi base dell'approccio allo studio della personalità fu la scoperta dell'inconscio di Sigmund Freud. Possiamo distinguere 3 livelli precisi di Freud:

- Il primo topico: è un aspetto conscio dell'individuo, distinto dalla consapevolezza;
- Un aspetto preconscio un po' più nascosto, ma comunque facilmente accessibile mediante la verbalizzazione o altre tecniche;
- Un aspetto inconscio, affatto irraggiungibile dall'individuo senza un aiuto specifico nel quale vi sono posti al centro i livelli di personalità.

Una seconda teoria freudiana si sposta verso lo studio dei processi psichici. Qui Freud distingue tre domande psichiche che costruiscono la personalità individuale intercedendo attraverso i meccanismi di difesa dell'Io con l'impulso. Vediamo i 3 principali:

> **FREUD E LA PERSONALITÀ**
>
> L'ES O ID, IL PIÙ PRIMITIVO, RAFFIGURATO DALLE BASI BIOLOGICHE E MOTIVAZIONALI ESSENZIALI DELLA PERSONALITÀ DOVE QUESTE ENERGIE SI RIFERISCONO UNICAMENTE AL CONCETTO DEL PIACERE. VANNO AD ELUDERE IL DOLORE E HANNO COME TRAGUARDO LA COMPLETA SODDISFAZIONE PULSIONALE.
>
> L'IO (O L'EGO), LA PARTE RAZIONALE NELLA QUALE L'APPAGAMENTO DEGLI IMPULSI DERIVATI DALL'ES INCONTRA IL CONFRONTO E IL COMPROMESSO. L'EGO OPERA SECONDO IL VALORE DELLA REALTÀ. ATTRAVERSO I MECCANISMI DI DIFESA CHE L'INDIVIDUO EVOLVE, LE PULSIONI DIVENTANO ACCETTABILI, CONFRONTANDOSI CON UN CONTESTO SOCIALE CHE NE INTERCEDE LA SCARICA IN CONDOTTE CONSIDERATE BUONE.
>
> IL SUPER IO, SEGUE LE LEGGI DELL'ETICA E DELLA MORALITÀ. SI COSTRUISCE CON IL CONCETTO DI BENE E MALE PERÒ COME PECULIARITÀ ASTRATTA RISPETTO ALLO SVANTAGGIO O VICEVERSA DI UN'AZIONE E ALLE SUE CONSEGUENZE. ECCO L'IDEALE DELL'IO, UN'ASPIRAZIONE SUL COME SI DOVREBBE ESSERE.

Tra gli altri studiosi che si occuparono della personalità umana in termini di tratti emerge, negli anni Trenta, Gordon Allport. Creò una gerarchia di tratti a partire dai più interiori come quelli cardinali, che influiscono di più sull'individuo, fino a quelli secondari.

Rappresenta come inizio a questo studio l'approfondimento sia del vocabolario e anche di quello grafico del linguaggio naturale, nel quale Allport identificò dal punto di vista logico dati che descrivono parole differenziabili in ambito linguistico. Egli sviluppò una metodica basata sul conteggio delle ripetizioni delle parole utilizzate per descrivere la propria personalità nelle esposizioni.

Un altro promotore fondamentale nello studio dei tratti di personalità è Raymond Cattell che, nello specifico, sviluppò uno studio classificando per nomi le personalità. Attraverso la statistica dell'analisi fattoriale identificò 16 tratti di personalità bipolari, da confrontare poi mediante un questionario standardizzato.

McCraee e Costa hanno identificato 5 tratti di personalità basati sulla tradizione fattoriale per studiare la personalità e, sulla base degli studi di Allport, hanno scoperto, attraverso il linguaggio parlato, una fonte di come fosse la personalità:

- L'estroversione, come grado di attivazione, riguarda la fiducia e l'entusiasmo nei comportamenti relativi alle scelte;

- La gradevolezza, in senso di quantità e qualità delle relazioni interpersonali che la persona avvia e dirette ad assistere e ad accogliere l'altro;
- La coscienziosità che l'individuo mostra attraverso la sua condotta con affidabilità e accuratezza e inoltre aggiunge perseveranza per la volontà di successo;
- Il nevroticismo, come grado di resistenza allo stress emotivo;
- L'apertura all'esperienza, nella ricerca di stimoli culturali esterni al proprio contesto ordinario e anche la ricerca di valori diversi rispetto a quelli di attinenza.

Principali teorie pedagogiche e pedagogia infantile

L'etimologia della parola pedagogia deriva dall'unione delle parole bambino e guidare/condurre. La pedagogia è la scienza che studia l'educazione e la formazione dell'individuo durante tutta la sua vita: adolescenza, età adulta e terza età.

Rousseau, Kant ed Emerson sono tra i principali studiosi della pedagogia.

Ognuno di loro ha contribuito alla teoria dell'educazione con idee innovative che hanno influenzato il pensiero pedagogico moderno.

Jean-Jacques Rousseau

Rousseau è considerato uno dei padri fondatori dell'educazione moderna. Nel suo libro *Emile*, pubblicato nel 1762, sostiene che l'educazione deve essere guidata dalle esigenze naturali del bambino e non dalle convenzioni sociali. Egli credeva che la natura umana fosse buona di per sé e che l'ambiente sociale corrompesse questa bontà intrinseca. Pertanto, l'obiettivo dell'educazione dovrebbe essere quello di sviluppare la natura umana in modo che essa possa raggiungere il suo pieno potenziale.

Immanuel Kant

Kant è stato un famoso filosofo tedesco del XVIII secolo che ha anche contribuito alla teoria dell'educazione. Nel suo libro *Pedagogia*, pubblicato postumo nel 1803, sosteneva che l'educazione deve avere come obiettivo principale lo sviluppo morale del bambino. Secondo Kant, l'educazione dovrebbe aiutare i bambini a diventare esseri autonomi e responsabili in grado di prendere decisioni etiche basate sulla ragione.

Ralph Waldo Emerson

Emerson è stato un famoso filosofo americano del XIX secolo noto per le sue idee sul trascendentalismo. Egli credeva nella centralità dell'individuo e nell'autonomia personale come fondamento dell'apprendimento. Nel suo saggio *L'Istruzione* (1864) sosteneva che l'apprendimento deve essere guidato dall'intuizione piuttosto che dalla memoria meccanica; egli riteneva anche che gli studenti dovessero essere incoraggiati a sviluppare le proprie idee creative invece di seguire semplicemente ciò che gli veniva insegnato.

In sintesi, Rousseau, Kant ed Emerson sono tre grandi pensatori della pedagogia che hanno influenzato il pensiero educativo moderno con le loro teorie innovative sull'apprendimento e sullo sviluppo individuale. Le loro idee continuano a essere studiate e applicate anche oggi nella pratica pedagogica.

[Vediamo i diversi metodi pedagogici](#)

Attivismo pedagogico

L'attivismo pedagogico è un movimento che cerca di sostituire l'insegnante come unico modello etico e disciplinare in classe. Al suo posto, lo studente viene salvato nel suo ruolo di motore attivo del proprio apprendimento e la realtà viene assunta come punto di partenza e obiettivo del processo educativo.

Questo modello pedagogico affonda le sue radici nelle teorie del filosofo e pedagogo americano John Dewey, il quale sosteneva che ciò che è importante nel processo educativo è quello che fa lo studente, piuttosto che quello che fa l'insegnante. In questo modo l'obiettivo è incoraggiare la partecipazione attiva degli studenti nel loro processo di apprendimento, favorendo la loro creatività e il loro pensiero critico.

Uno dei principali esponenti dell'attivismo pedagogico è Paulo Freire che ha sviluppato una metodologia basata sulla liberazione dell'individuo attraverso l'educazione. Secondo Freire, l'educazione dovrebbe essere un processo dialogico tra studenti e insegnanti, in cui entrambi imparano insieme e costruiscono conoscenza dalle loro esperienze. In questo senso l'attivismo pedagogico promuove un'educazione più inclusiva e democratica, in cui si valorizza la diversità culturale e si incoraggia la partecipazione dei cittadini fin dalla più tenera età. Inoltre, questo modello pedagogico cerca di formare individui critici e riflessivi, capaci di trasformare il loro ambiente sociale.

Il metodo Montessori

Il metodo Montessori è un approccio all'educazione che si concentra sul bambino e sul suo sviluppo naturale. Questo metodo è stato creato dalla dottoressa Maria Montessori nei primi anni del 1900 e si basa sulla convinzione che ogni bambino abbia il potenziale per imparare e crescere in modo autonomo.

I Principi del Metodo Montessori

Il metodo Montessori si basa su sette principi fondamentali:

- L'ambiente deve essere preparato per il bambino, con materiali educativi a portata di mano e un'atmosfera tranquilla;
- Il bambino deve avere la libertà di scegliere le attività che preferisce con l'aiuto dell'insegnante;
- L'insegnante deve osservare attentamente il bambino per capire le sue esigenze e i suoi interessi;
- Il lavoro del bambino deve essere rispettato e non interrotto;
- Gli errori sono parte del processo di apprendimento e non devono essere puniti;
- L'insegnante deve fornire aiuto solo quando richiesto dal bambino;
- Il bambino deve essere incoraggiato a lavorare in modo indipendente.

Vantaggi e Svantaggi del Metodo

Come ogni approccio educativo il metodo Montessori ha vantaggi e svantaggi da considerare. Tra i vantaggi ci sono:

- Un ambiente rilassato che favorisce l'apprendimento;
- Materiali educativi specificamente progettati per stimolare l'apprendimento;
- Un'attenzione particolare alla crescita individuale di ogni bambino;
- La promozione dell'autonomia e della responsabilità personale.

Tra gli svantaggi ci sono:

- La mancanza di struttura può rendere difficile la transizione verso scuole più tradizionali;
- Potrebbe non essere adatto a tutti i tipi di studente;
- Potrebbe richiedere più tempo per vedere i risultati dell'apprendimento rispetto ad altri metodi.

In generale, il metodo Montessori può offrire un ambiente educativo positivo per molti studenti, ma è importante valutare se sia adatto alle esigenze individuali di ogni studente. Questo modello, come abbiamo visto, va a favore dell'interazione con l'ambiente di adulti e bambini, i quali si devono dedicare alla composizione del proprio carattere in maniera autonoma. Soprattutto l'attenzione è posta nei confronti dei bambini che hanno meno di sei anni perché, secondo la Montessori, è importante riconoscere loro la libertà per scegliere e agire liberamente in un ambiente costruito appositamente per formarli in maniera adeguata.

Il metodo delle sorelle Agazzi

Il metodo delle sorelle Agazzi è un approccio pedagogico sviluppato dalle sorelle italiane Maria e Anna Agazzi alla fine del XIX secolo. Questo metodo si concentra sull'importanza dell'esperienza sensoriale nella formazione dei bambini.

I Principi del Metodo delle Sorelle Agazzi

Il metodo si basa su quattro principi fondamentali:

- Esperienze sensoriali: il bambino deve essere coinvolto in attività che stimolino i sensi: come il tatto, la vista e l'udito;
- Attività pratiche: il bambino deve avere l'opportunità di manipolare gli oggetti e di fare esperienze concrete;
- Linguaggio naturale: il linguaggio usato dall'insegnante deve essere semplice e naturale per facilitare la comprensione del bambino;
- Rispetto dei tempi individuali: ogni bambino ha un ritmo di apprendimento diverso e l'insegnante deve rispettare questo ritmo individuale.

Vantaggi e svantaggi del Metodo

Come ogni approccio educativo, il metodo delle sorelle Agazzi ha vantaggi e svantaggi da considerare. Tra i vantaggi ci sono:

- Un ambiente educativo rilassato che favorisce l'apprendimento;
- Un focus sull'esperienza sensoriale può aiutare i bambini ad apprendere meglio;
- L'enfasi sulla manipolazione degli oggetti può aiutare i bambini a sviluppare la loro creatività;
- La promozione dell'autonomia personale attraverso attività pratiche.

Tra gli svantaggi ci sono:

- Potrebbe non essere adatto a tutti i tipi di studente;
- La mancanza di struttura potrebbe rendere difficile la transizione verso scuole più tradizionali;
- Potrebbe richiedere più tempo per vedere i risultati dell'apprendimento rispetto ad altri metodi.

L'educatrice ricorda il ruolo della madre ponendo così al bambino un ambiente familiare.

L'apprendimento avviene dall'esperienza che l'alunno fa in autonomia, oppure prendendo come esempio il compagno più esperto o consapevole. Sono incluse le attività di vita pratica, sensoriale ed emozionale e anche l'educazione estetica per uno sviluppo completo.

Pedagogia di Waldorf

La pedagogia di Waldorf, anche conosciuta come pedagogia Steiner-Waldorf, è un approccio educativo sviluppato da Rudolf Steiner nel 1919. Questo metodo si basa sulla Scienza dello Spirito, l'Antroposofia, e propone un'immagine universale dell'uomo.

I principi della pedagogia di Waldorf

La pedagogia di Waldorf si basa su dieci principi educativi che mirano a sviluppare la creatività, l'autonomia e la responsabilità dei bambini. Tra questi principi troviamo:

- L'importanza del gioco nella formazione dei bambini;
- L'insegnamento delle arti e della musica;
- Il rispetto per il ritmo naturale della crescita dei bambini;
- L'attenzione alla sfera emotiva e spirituale dei bambini;
- La valorizzazione dell'ambiente naturale come spazio educativo.

Come funziona la pedagogia di Waldorf in pratica?

La pedagogia di Waldorf prevede un ciclo di studi che va dalla scuola materna fino alla scuola superiore. Gli insegnanti sono formati secondo i principi della Scienza dello Spirito e seguono un programma didattico che prevede l'insegnamento delle materie classiche (come matematica, storia e scienze) ma anche le arti (come musica, teatro e pittura).

Gli ambienti in cui si svolge l'attività didattica sono curati nei minimi dettagli per creare un'atmosfera accogliente e stimolante per i bambini. La pedagogia di Waldorf è presente in tutto il mondo con scuole che seguono questo metodo educativo in ogni continente. In Italia ci sono numerose scuole che adottano questa metodologia, sia pubbliche che private. Sostanzialmente il percorso di formazione dell'alunno è definito dalle sue naturali necessità di evoluzione e non da un obiettivo qualificante.

Il metodo Problem-posing

L'approccio del problem solving cerca di eliminare la contraddizione studente-insegnante incoraggiando il pensiero critico e la partecipazione attiva. Piuttosto che memorizzare semplicemente le informazioni gli studenti vengono sfidati a concettualizzare i problemi e a sviluppare soluzioni attraverso la riflessione e l'analisi.

Questo metodo comporta l'identificazione e la concettualizzazione di un problema attraverso la riflessione su una situazione difficile. In tal modo gli studenti sono in grado di assumere il comando della loro esperienza di apprendimento e sviluppare preziose capacità di pensiero critico.

La ricerca ha dimostrato che porre problemi può essere particolarmente efficace nello sviluppo di abilità logico-matematiche, rendendolo un approccio ideale per materie come la matematica e le scienze. Tuttavia può anche essere applicato in altri campi come la letteratura o gli studi sociali.

I principali esponenti

Benjamin Bloom

Benjamin Bloom era uno psicologo americano che ha rivoluzionato il campo dell'istruzione con i suoi contributi all'apprendimento della padronanza e alla classificazione degli obiettivi educativi. Nato il 21 febbraio 1913 in Pennsylvania, Bloom ha dedicato la sua vita a migliorare il modo in cui gli studenti imparano e gli insegnanti insegnano.

Il contributo più significativo di Bloom all'educazione è la sua tassonomia degli obiettivi educativi, che ha sviluppato in collaborazione con Max Englehart, Edward Furst, Walter Hill e David Krathwohl. Questo quadro classifica gli obiettivi di apprendimento in sei livelli di complessità: conoscenza, comprensione, applicazione, analisi, sintesi e valutazione.

Questa tassonomia è stata ampiamente utilizzata dagli educatori di tutto il mondo per allineare gli obiettivi educativi con i curricula e le valutazioni. Ha anche strutturato l'ampiezza e la profondità dei risultati di apprendimento per gli studenti.

Un altro contributo significativo di Bloom è l'apprendimento della padronanza. Egli credeva che tutti gli studenti potessero imparare se avessero avuto abbastanza tempo e supporto. L'apprendimento della padronanza comporta la suddivisione di concetti complessi in unità più piccole che gli studenti possono padroneggiare prima di passare a materiali più impegnativi.

Il lavoro di Bloom ha avuto un profondo impatto sull'istruzione in tutto il mondo. La sua tassonomia è diventata uno strumento fondamentale per gli insegnanti nello sviluppo di piani di lezione e valutazioni che promuovono le capacità di pensiero critico tra i loro studenti. Inoltre, la sua filosofia di apprendimento della padronanza ha aiutato innumerevoli studenti a raggiungere il successo accademico. Questo metodo assicura un'istruzione individualizzata per ogni studente secondo il proprio ritmo di apprendimento.

Bruner

Jerome Bruner era uno psicologo americano, maggiormente conosciuto per i suoi contributi alla psicologia cognitiva e all'educazione. Nato il 1° ottobre 1915, a New York, Bruner ha dedicato la sua vita a capire come le persone imparano e si sviluppano.

Il lavoro di Bruner in psicologia si è concentrato sul ruolo della percezione, del linguaggio e della cultura nel plasmare la cognizione umana. Egli credeva che le persone costruissero attivamente la conoscenza organizzando le informazioni in modelli significativi o modelli mentali.

Uno dei suoi contributi più importanti alla psicologia è il concetto di impalcatura. Questo approccio consiste nel fornire agli studenti supporto e guida mentre sviluppano nuove competenze o conoscenze. Riducendo gradualmente il livello di supporto nel tempo, gli studenti possono eventualmente completare le attività in modo indipendente.

Bruner ha anche sviluppato il concetto di apprendimento della scoperta, che enfatizza l'esplorazione pratica e la sperimentazione come mezzo per promuovere l'apprendimento più profondo. Questo approccio incoraggia gli studenti ad assumere un ruolo attivo nel proprio processo di apprendimento piuttosto che, semplicemente, memorizzare le informazioni. Il lavoro di Bruner nel campo dell'istruzione si è concentrato sullo sviluppo di curricula che promuovano l'apprendimento attivo e le capacità di pensiero critico. Egli credeva che gli studenti imparassero meglio quando erano impegnati in attività significative che consentivano loro di esplorare idee e concetti per se stessi.

Una delle sue teorie educative più influenti è il curriculum a spirale. Questo modello comporta la rivisitazione di concetti chiave a livelli sempre più complessi nel tempo.

Basandosi su conoscenze e abilità precedenti, gli studenti possono raggiungere una comprensione più profonda della materia.

Un altro importante contributo di Bruner è l'idea che l'istruzione dovrebbe essere adattata alle esigenze e alle capacità dei singoli studenti. Egli credeva che gli insegnanti dovessero utilizzare una varietà di strategie didattiche per adattarsi ai diversi stili di apprendimento.

Il lavoro di Jerome Bruner ha avuto un profondo impatto sia sulla psicologia che sull'educazione. <u>Le sue teorie hanno contribuito a plasmare la nostra comprensione di come le persone imparano e si sviluppano per tutta la vita.</u> Oggi gli educatori continuano a trarre ispirazione dalle idee di Bruner mentre si sforzano di creare esperienze di apprendimento più coinvolgenti ed efficaci per i loro studenti.

Dalle teorie di Vygotskij, Bruner individua due elementi:

I. Il primo è l'importanza del contesto culturale: secondo Vygotskij gli strumenti linguistici e l'esperienza socioculturale determinano lo sviluppo del pensiero del bambino. Invece lo sviluppo del linguaggio è dovuto a fattori esterni e lo sviluppo della logica è una funzione diretta del linguaggio collettivizzato;

II. Il secondo è la zona di sviluppo adeguata che, in sostanza, permette all'individuo, attraverso l'aiuto dell'insegnante, di superare una determinata fase.

Bruner ha alcune perplessità in merito alle teorie di Piaget sugli stadi di sviluppo. Piaget imposta i suoi campi a seconda dell'età, senza dare importanza alle influenze socioculturali. Così Bruner si domanda che fine faccia la zona di sviluppo prossimale. Bruner unisce allora i due principi: quello di Piaget con il biologico-naturale, e quello di Vygotskij socioculturale.

Rogers

Carl Rogers era un rinomato psicologo che ha sviluppato la teoria dell'apprendimento esperienziale. Secondo Rogers ci sono due tipi di apprendimento: cognitivo ed esperienziale. L'apprendimento cognitivo è accademico e privo di significato, mentre l'apprendimento esperienziale è significativo e basato sull'esperienza personale. Rogers credeva che gli studenti imparassero meglio quando erano attivamente coinvolti nel processo di apprendimento. Ha sostenuto l'apprendimento centrato sullo studente, in cui l'insegnante agisce come un facilitatore piuttosto che come figura autoritaria. Questo approccio consente agli studenti di assumere il controllo del proprio apprendimento e di sviluppare capacità di pensiero critico.

L'apprendimento esperienziale implica la partecipazione attiva al processo di apprendimento attraverso la scoperta e l'esplorazione. Sottolinea l'importanza dell'esperienza personale nel plasmare la propria comprensione del mondo. Impegnandosi in attività pratiche gli studenti possono applicare ciò che hanno imparato a situazioni di vita reale. La teoria dell'apprendimento esperienziale di Rogers include dieci principi che definiscono il ruolo dell'insegnante come facilitatore dell'apprendimento.

Questi principi sottolineano l'importanza di creare un ambiente di supporto in cui gli studenti si sentano sicuri di esplorare e correre rischi. In sintesi, la teoria dell'apprendimento esperienziale di Carl Rogers sottolinea l'importanza dell'esperienza personale nel plasmare la propria comprensione del mondo.

Rousseau

Jean-Jacques Rousseau era un filosofo che credeva che l'educazione dovesse essere basata sullo sviluppo naturale del bambino. Era certo che ai bambini dovesse essere permesso di imparare seguendo il loro ritmo, in un ambiente naturale e senza i vincoli dell'istruzione formale. Per lui l'educazione doveva mirare al pieno sviluppo delle potenzialità e dei poteri innati del bambino all'interno di un ambiente naturale. Sosteneva che i bambini sono naturalmente curiosi e desiderosi di imparare, ma che l'educazione formale spesso tende a soffocare questa curiosità imponendo strutture e regole rigide.

Secondo Rousseau, ai bambini dovrebbe essere permesso di imparare attraverso l'esperienza piuttosto che attraverso libri o lezioni. A suo avviso il meglio dell'apprendimento lo si raccoglieva nella libertà di seguire i propri interessi. Questo approccio all'educazione è noto come educazione "centrata sul bambino" o "progressiva". L'educazione, secondo la sua visione, doveva concentrarsi sullo sviluppo dell'intera persona e non solo in merito alle capacità intellettuali. Sosteneva che l'esercizio fisico, il lavoro manuale e le attività all'aperto erano essenziali per lo sviluppo di un corpo e di una mente sani.

La filosofia dell'educazione di Rousseau ha avuto un impatto duraturo sulla moderna teoria dell'educazione. Molti educatori, oggi, credono in approcci all'educazione centrati sul bambino o progressivi, che enfatizzano l'apprendimento esperienziale e l'istruzione individualizzata.

Per lui l'uomo necessita di un'educazione naturale capace di preservare la sua naturale bontà, l'unica in grado di tenerlo lontano dalla corruzione nella società. Riguardo ai bambini sconsiglia di rivolgersi a loro utilizzando logiche da adulti ma utilizzando piuttosto delle modalità vicine alla comprensione infantile.

Tuttavia esiste ancora un dibattito aperto: alcuni sostengono che troppa libertà può portare al caos e alla mancanza di disciplina, mentre altri credono che troppa rigidità possa soffocare la creatività e la curiosità naturale dei bambini.

Nonostante questi dibattiti le idee di Rousseau continuano a influenzare la pratica educativa in tutto il mondo. La sua enfasi sull'importanza della natura, dell'attività fisica e dell'istruzione individualizzata rimane rilevante ancora oggi.

Don Bosco

Don Bosco, noto anche come Giovanni Bosco, era un sacerdote cattolico italiano che ha dedicato la sua vita ad aiutare i giovani svantaggiati. Ha fondato la Società Salesiana che si è concentrata sull'offerta di istruzione e formazione professionale ai giovani.

Don Bosco credeva che l'educazione dovesse basarsi sull'amore e sulla bontà. Ha concepito l'istruzione come un modo per aiutare i giovani a sviluppare il loro pieno potenziale e diventare cittadini responsabili. Il suo approccio all'educazione era basato su tre principi: ragione, religione e gentilezza amorevole.

La ragione di tutto questo è riassumibile nel fatto che Don Bosco credeva che l'educazione dovesse essere pratica ma anche pertinente ai bisogni dei giovani. Ha sottolineato altresì l'importanza della formazione professionale e delle esperienze di apprendimento pratico nella preparazione dei giovani alla forza lavoro.

Don Bosco era un cattolico devoto che credeva che la fede dovesse essere integrata in tutti gli aspetti della vita, compresa l'educazione. Ha insegnato valori religiosi come l'onestà, il rispetto per l'autorità e la compassione per gli altri. Credeva molto anche nell'amorevolezza: i giovani hanno bisogno di amore e rispetto, tant'è che ai loro occhi la sua figura assomigliava a quella di un padre.

Don Bosco stesso nominò il proprio metodo sistema preventivo nel quale si offriva al giovane un ambiente incoraggiante per dare il meglio di sé, per riconoscere i propri talenti e i propri limiti, nel rispetto degli altri e scoprendo la propria inclinazione.

La filosofia educativa di Don Bosco ha avuto un impatto significativo sulla moderna pratica educativa. La sua enfasi sulla formazione professionale e sulle esperienze di apprendimento pratico si riflette oggi in molti programmi orientati alla carriera. La sua attenzione all'integrazione dei valori religiosi nell'istruzione ha influenzato le scuole basate sulla fede in tutto il mondo.

Forse, la cosa più importante da sottolineare è che l'enfasi di Don Bosco sulla gentilezza amorevole ha ispirato gli educatori a creare ambienti di apprendimento e di supporto che promuovano il successo degli studenti.

Oggi molte scuole danno priorità all'apprendimento socio-emotivo e allo sviluppo della personalità insieme ai risultati accademici.

Differenza tra il sistema Preventivo e quello Repressivo:

Repressivo: consiste nel far rivelare i trasgressori e infliggere la meritata punizione.

Preventivo: consiste nel far conoscere le regole di un Istituto per poi sorvegliare gli allievi in modo che abbiano sempre sopra di loro l'occhio vigile. Gli assistenti svolgono il loro ruolo come padri amorosi con l'obiettivo di fare da guida e supporto. Questo sistema pone alla base di tutto la ragione, l'amorevolezza e la religione.

Montessori

Maria Montessori era un medico ma anche un'educatrice che, grazie a un attento lavoro, ha sviluppato un approccio unico all'educazione basato sulle sue osservazioni sui bambini. La sua filosofia ha sottolineato l'importanza di creare un ambiente di apprendimento e di supporto che consentisse ai bambini di imparare al proprio ritmo e di sviluppare il loro pieno potenziale.

L'educazione Montessoriana è incentrata sui bisogni e sugli interessi del bambino. Gli insegnanti fungono da guide, fornendo istruzioni e supporto individualizzati secondo le necessità. I bambini sono incoraggiati a lavorare in modo indipendente, scegliendo attività che li interessano e lavorando al proprio ritmo.

L'aula di una scuola Montessori è attentamente progettata per promuovere l'apprendimento e l'indipendenza. I materiali sono disposti su scaffali bassi in modo che i bambini possano accedervi facilmente e ogni attività è progettata per essere auto-correttiva. L'ambiente è calmo e ordinato, con particolare attenzione alla semplicità d'uso.

L'educazione Montessori enfatizza l'apprendimento pratico attraverso l'esplorazione e la scoperta. I bambini lavorano con materiali progettati per essere manipolati, consentendo loro di imparare attraverso l'esperienza piuttosto che la semplice memorizzazione. L'educazione Montessori mira a sviluppare l'intero bambino: socialmente, emotivamente, intellettualmente e fisicamente. I bambini imparano abilità pratiche di vita come cucinare e pulire, insieme a materie accademiche come la matematica e l'italiano. Gli educatori Montessoriani credono nel trattare i bambini con rispetto e dignità. Riconoscono che ogni bambino è unico e ha i propri punti di forza e di debolezza. Gli insegnanti lavorano per creare un ambiente di supporto in cui i bambini si sentano sicuri di correre rischi, commettere errori e crescere.

I principi dell'educazione Montessoriana hanno avuto un impatto duraturo sulla pratica educativa in tutto il mondo. Molti educatori, oggi, riconoscono l'importanza di esperienze di apprendimento pratico, istruzione individualizzata e creazione di un ambiente di apprendimento di supporto in cui non vi siano barriere.

Tuttavia c'è ancora dibattito su quanta enfasi dovrebbe essere posta sulle materie accademiche rispetto alle abilità pratiche di vita nell'educazione della prima infanzia. Alcuni sostengono che la preparazione accademica dovrebbe iniziare in tenera età, mentre altri credono che sia meglio concentrarsi maggiormente sullo sviluppo socio-emotivo durante questi anni formativi. Nonostante questi dibattiti la filosofia di Montessori rimane rilevante, oggi, come approccio alternativo alle pratiche educative tradizionali.

Aridigò

Giovanni Maria Bertini Ardigò è stato un filosofo italiano che ha contribuito al campo della filosofia dell'educazione. Credeva che l'educazione dovesse essere basata sullo sviluppo della personalità dell'individuo, con particolare attenzione alla formazione del carattere e dei valori morali.

Secondo lui l'obiettivo dell'educazione era quello di sviluppare la personalità di un individuo attraverso la crescita morale e intellettuale. Ha sostenuto a tal proposito che l'educazione non riguarda solo l'acquisizione di conoscenze, ma anche lo sviluppo di tratti caratteriali come: l'onestà, la responsabilità e la compassione.

Secondo Ardigò gli educatori dovrebbero sforzarsi di creare un ambiente di apprendimento favorevole che incoraggi gli studenti a diventare partecipanti attivi nel proprio processo di apprendimento. Ha sottolineato l'importanza del dialogo tra insegnante e studente, con l'obiettivo di promuovere capacità di pensiero critico e pensiero indipendente. Nell'insegnamento, a suo avviso, era necessario comprendere l'etica e la morale come parte di un'educazione a tutto tondo. Vedeva l'educazione come un mezzo per promuovere l'armonia sociale e incoraggiare gli individui a diventare membri responsabili della società.

La filosofia dell'educazione di Ardigò ha avuto un impatto duraturo sulla moderna teoria dell'educazione. Molti educatori, oggi, credono nell'importanza dello sviluppo del carattere insieme ai risultati accademici. L'enfasi sulla creazione di un ambiente di apprendimento di supporto che promuova le capacità di pensiero critico si riflette in molti approcci progressivi all'istruzione.

Tuttavia c'è ancora dibattito su quanta enfasi dovrebbe essere posta sull'insegnamento dell'etica e della moralità nelle scuole. Alcuni sostengono che questi sono valori personali che dovrebbero essere insegnati a casa o all'interno delle istituzioni religiose, mentre altri credono che siano essenziali per creare cittadini responsabili. Nonostante questi dibattiti le idee di Ardigò continuano a influenzare la pratica educativa in tutto il mondo. La sua enfasi sullo sviluppo della personalità di un individuo attraverso la crescita morale e intellettuale rimane rilevante oggi.

Metodologia e tecnica didattica

Senza alcun dubbio **l'insegnamento** è una materia di studio in continuo mutamento e aggiornamento. L'insegnante deve stimolare l'apprendimento, ovvero, deve riuscire a dare il via a un cambiamento nelle menti dei propri alunni.

Non è un lavoro semplice in quanto va sempre oltre le normali ore curriculari. La didattica si compone di un metodo in cui vi sono racchiuse tutte le scelte operative che l'insegnante intende utilizzare per raggiungere il proprio scopo. Tanti anni fa, forse all'epoca dei nostri nonni, le lezioni si svolgevano sempre nello stesso modo, tant'è che la figura dell'insegnante risultava abbastanza stereotipata.

La didattica, intesa nel senso di disciplina pedagogica, è nata in Italia più o meno verso gli anni '70, quando da più parti si iniziava a porsi il problema riguardo al metodo.

La formazione degli stessi insegnanti è promossa ed estesa con continui corsi di aggiornamento dove, nel corso degli anni, sono entrate nel linguaggio comune parole come integrazione e inclusività. L'istruzione in questo senso non rappresenta un punto di arrivo ma piuttosto un processo in cui è necessario coniugare differenti modelli interpretativi.

Seguendo il filone di questo discorso non vi è una metodologia didattica ma più di una, perché vi sono fattori che variano costantemente e che rendono inefficace l'affidarsi a un solo modello.

La didattica si è persino elevata a scienza autonoma; in questo senso si è slegata dal rapporto stretto che aveva con la pedagogia in quanto, come detto precedentemente, le variabili in gioco, soprattutto oggi, non sono di certo poche. Volendo fare un raffronto con la pedagogia possiamo affermare che la didattica si limita al contesto scolastico e quindi alle metodologie e alle tecniche di insegnamento.

Lo scopo della didattica lo ritroviamo nella preparazione di modelli che possano ritenersi validi in situazioni differenti.

La struttura stessa della metodologia in quanto scienza si basa su tre fattori: oggetto, campo e metodo:

- **L'Oggetto della didattica**. In questo campo ritroviamo il metodo scelto dall'insegnante e le dimensioni organizzative e relazionali (docente/alunno e docente/classe). L'oggetto della didattica è l'insegnamento, ovvero, il processo attraverso il quale si trasmettono conoscenze, abilità e valori a un soggetto che apprende. L'insegnamento può avvenire in diversi contesti: dalla scuola all'università, dal lavoro al tempo libero;

- **Il Campo della didattica**. Qui vi ritroviamo l'ambiente scolastico e quello extra-scolastico, oltre a tutti i sistemi collegati al mondo scuola. Il campo della didattica si estende a molti altri campi oltre alla scuola. Ad esempio: la formazione professionale o la formazione culturale nel tempo libero sono anch'esse oggetto di studio della didattica;

- **Il Metodo della didattica**. La ricerca è il vero fulcro del metodo della didattica che può avvenire in diversi modi. Il metodo della didattica non è identificabile con le tecniche utilizzate per l'insegnamento ma riguarda invece l'insieme di principi teorici e pratici che guidano l'azione educativa. Tra i metodi più diffusi ci sono quelli basati sull'apprendimento cooperativo o sull'apprendimento esperienziale.

Vi è un continuo dibattito in merito all'efficacia e al metodo d'insegnamento. Un metodo può dirsi efficace quando gli studenti si dimostrano partecipativi, in questo modo quello che gli viene insegnato attua in loro il cambiamento che l'insegnamento stesso si propone.

Un efficace metodo di studio raccoglie diversi aspetti dove si evidenziano **le differenze tra i metodi**, esplicati nel: COSA, CHI E CON QUALI STRUMENTI.

COSA INSEGNARE
(I CONCETTI E LE COMPETENZE CHE VOGLIAMO CHE VENGANO ASSORBITI DAGLI ALUNNI)

A CHI INSEGNARE
(BISOGNA CONSIDERARE IL PUBBLICO, LE RELAZIONI PERSONALI E LE CAPACITÀ RELAZIONALI, LE CAPACITÀ COGNITIVE E LE RISPOSTE EMOTIVE, OLTRE ALLE DIVERSE POTENZIALITÀ DI APPRENDIMENTO)

CON CHE STRUMENTI INSEGNARE
(A VOLTE BASTA UN LIBRO MA ESISTONO TANTE TECNOLOGIE CHE CI PERMETTONO DI EFFETTUARE UNA EFFICACE COMUNICAZIONE DIDATTICA)

Non tutte le metodologie impiegate vanno bene, in larga parte il risultato dipende da questi fattori:

- La materia;
- L'età degli studenti;
- Il contesto.

LA DIDATTICA A LIVELLO PEDAGOGICO PUÒ INCENTRARSI SU:	
SOGGETTO	**OGGETTO**
L'ATTENZIONE SI FERMA SUL RAPPORTO TRA DUE PERSONE. STIAMO PARLANDO QUINDI DI GIOCHI DI RUOLO, CON RUOLI GIÀ FISSATI O ANCHE NON STABILITI, CHE PORTANO A UNA INTERAZIONE E A UNA MATURAZIONE	L'ATTENZIONE SI FERMA SUL CONTENUTO DELL'INSEGNAMENTO. STIAMO DANDO IMPORTANZA ALLA MATERIA, A CIÒ CHE VOGLIAMO CHE VENGA TRASMESSO E L'OGGETTO DELL'INSEGNAMENTO PARTE DA UNA SEMPLICE ORIGINE MATERIALE COME UN LIBRO O ALTRO E SI TRASFORMA IN UN CONCETTO.
ORGANIZZAZIONE	**INTENZIONI**
L'ATTENZIONE SI FERMA SUL CONTESTO. LE INTERAZIONI TRA I SOGGETTI E CON L'AMBIENTE POSSANO PORTARE A RISULTATI SODDISFACENTI.	L'ATTENZIONE SI FERMA SU CIÒ CHE MOTIVA IL DOCENTE: STIAMO PARLANDO DELLO SCOPO CHE L'INSEGNANTE DESIDERA RAGGIUNGERE GRAZIE ALLE COMPETENZE.

La didattica viene divisa in due grandi aree, ovvero la didattica disciplinare e quella orientativa. Quella disciplinare è lo studio delle tecniche di insegnamento, la didattica orientativa coinvolge lo studente durante il processo di orientamento.

In merito ai metodi vi sono quelli espositivi = dove l'insegnante espone un determinato argomento.

La verifica di quanto appreso che può essere sia orale che scritta. Vi sono anche delle tecniche di valutazione laboratoriale dove agli studenti viene chiesto di saper fare un qualcosa che è stato precedentemente spiegato.

Vi sono altre due grandi aree in merito alle metodologie, ovvero, i metodi individuali e quelli collettivi. I primi si basano sul singolo alunno mentre i secondi sull'intera classe. All'interno di questi gruppi si possono inserire differenti tipi di metodologie didattiche.

Non vi è dubbio che il metodo didattico sia inerente al COSA insegnare, ma questo aspetto non può rimanere isolato dal contesto sia culturale che economico in cui si è immersi. Il metodo didattico, quando è efficiente, riesce a tirar fuori determinate risorse dagli studenti. Da questo punto di vista l'insegnamento è equiparabile a un processo, dove contenuto e competenze sono sollecitati continuamente.

Differenza tra tecniche e metodologie

La metodologia racchiude tutte le azioni messe in atto dal docente per far sì che gli alunni raggiungano degli specifici obiettivi. Può essere personalizzata in base all'alunno.

Le tecniche didattiche riguardano i processi che si attivano durante la formazione. In questo senso l'insegnante vuole fornire ai propri alunni delle tecniche e degli strumenti volte ad aumentare la partecipazione e l'entusiasmo.

Le tecniche si dividono in 4:

TECNICHE SIMULATIVE:
SI TRATTA DI QUELLE TECNICHE CHE METTONO IN SCENA UNA SITUAZIONE IN UN AMBIENTE SICURO, IN MODO CHE GLI STUDENTI POSSANO IMPARARE AD AFFRONTARE QUALSIASI IMPREVISTO GLI SI PONGA DAVANTI, PRESENTANDO SICUREZZA QUANDO UNA SITUAZIONE SIMILE GLI POTRÀ ACCADERE NELLA VITA DI TUTTI I GIORNI.

TECNICHE DELLA SITUAZIONE:
QUESTE METODOLOGIE STUDIANO I CASI E LE SITUAZIONI CHE POSSONO PRESENTARSI PER COMPRENDERE TUTTE LE CAUSE E GLI EFFETTI POSSIBILI, ANCHE QUESTE HANNO UNA VALENZA CHE SI RISCONTRA POI NELLA REALTÀ.

RIPRODUZIONE OPERATIVA:
METTERE IN PRATICA LA TEORIA PORTANDOLA ALLA VITA PRATICA.

PRODUZIONE COOPERATIVA:
CONDIVIDERE CONOSCENZE E COMPETENZE CON GLI ASLTRI COSÌ DA AFFRONTARE I COMPITI DI REALTÀ E RIUSCIRE A RISOLVERE I PROBLEMI.

Alcune metodologie didattiche

Nel corso di questo capitolo vedremo alcune metodologie utilizzate per rendere efficace l'insegnamento a seconda della materia svolta.

La lezione frontale

Questa metodologia è molto criticata secondo alcuni perché pone gli alunni in un atteggiamento passivo. Si svolge con l'insegnante che parla ai propri studenti divulgando a loro varie nozioni e l'accertamento delle competenze avviene attraverso compiti e verifiche che possono essere orali o scritte. Non si tratta di un monologo ma piuttosto di un metodo volto ad affermare la centralità dell'insegnante, un po' come successe tra Dante e Virgilio, se vogliamo trarre ispirazione dalla storia per capire cosa significa "lezione frontale". Durante questa metodologia ritengo importante che le verifiche non siano poste unicamente alla fine di ogni ciclo ma rappresentino un prezioso strumento per capire il grado di comprensione degli alunni. Trattasi di un metodo efficace soprattutto nei primi anni della scuola quando gli alunni non dispongono ancora di mezzi validi.

Il Tutoring

Mira a fornire un supporto centrato sull'alunno in difficoltà. Questa metodologia didattica è di frequente utilizzata dai docenti di sostegno in cui vi è un confronto diretto tra lo studente e il docente. È inutile dire che, oltre a essere un metodo, questo approccio tende a rafforzare il legame studente – insegnante. Il tutoring può essere svolto anche all'interno della classe dove uno studente più capace si presta nell'aiutare un compagno che necessita ancora di comprendere alcuni concetti.

Il Brainstorming

Il brainstorming è una tecnica potente che può essere utilizzata in classe per generare idee e soluzioni ai problemi. Trattasi, in sostanza, di una discussione di gruppo che incoraggia gli studenti a pensare in modo critico su un argomento, formare connessioni e condividere le loro idee con i colleghi. La struttura di base di una sessione di brainstorming prevede che un insegnante dia uno stimolo alla classe, stabilisca un limite di tempo e chieda agli studenti di scrivere quante più risposte possibili.

Ci sono diversi vantaggi nell'utilizzo del brainstorming a scuola:

- Incoraggia la creatività: il brainstorming consente agli studenti di pensare fuori dagli schemi e proporre idee nuove e innovative;
- Promuove il pensiero critico: gli studenti sono incoraggiati ad analizzare e valutare le loro idee, il che li aiuta a sviluppare capacità di pensiero critico;
- Migliora le capacità comunicative: il brainstorming richiede agli studenti di condividere le loro idee con gli altri, il che li aiuta a sviluppare capacità comunicative efficaci;
- Promuove la collaborazione: il brainstorming è un'attività collaborativa che incoraggia il lavoro di squadra e la cooperazione.

Nel complesso, il brainstorming è un'eccellente strategia di insegnamento che può aiutare gli studenti a sviluppare abilità importanti come il pensiero critico, la comunicazione e la collaborazione. Creando un ambiente sicuro in cui tutte le idee sono benvenute, gli insegnanti possono consentire ai loro studenti di pensare in modo creativo e trovare soluzioni innovative.

Il Problem solving

La risoluzione dei problemi è un'abilità essenziale che gli studenti devono sviluppare per avere successo nella loro vita accademica e professionale. Il problem solving, incorporato nella metodologia di insegnamento, può aiutare gli studenti a sviluppare capacità di pensiero critico, creatività, insegnandogli anche a lavorare in modo collaborativo.

Per insegnare efficacemente il problem solving è importante essere consapevoli dei principi e delle strategie di una buona risoluzione dei problemi all'interno del proprio insegnamento. Alcuni principi chiave per una risoluzione efficace dei problemi includono:

- Identificazione del problema;
- Definizione di termini e concetti chiave;
- Sviluppo di una strategia che porti a una soluzione;
- Strutturare la conoscenza del problema.

La Discussione

La discussione in classe è una potente metodologia di insegnamento che può aiutare gli studenti a sviluppare capacità di pensiero critico e capacità comunicative, migliorando la loro comprensione in merito agli argomenti complessi. Incoraggiando gli studenti a impegnarsi in un dialogo aperto e rispettoso tra loro, gli insegnanti possono creare un ambiente in cui gli studenti si sentano a proprio agio nel condividere le loro idee, opinioni e prospettive.

<u>Vantaggi della discussione in classe come metodologia di insegnamento:</u>

- Incoraggia il pensiero critico: le discussioni in classe richiedono agli studenti di analizzare e valutare le idee presentate dai loro coetanei. Questo li aiuta a sviluppare capacità di pensiero critico;
- Promuove l'apprendimento attivo: gli studenti hanno maggiori probabilità di conservare le informazioni quando sono attivamente coinvolti nel processo di apprendimento. La discussione in classe incoraggia l'apprendimento attivo richiedendo agli studenti di partecipare alla conversazione;
- Migliora le capacità comunicative: le discussioni in classe richiedono agli studenti di ascoltare attivamente ed esprimere i loro pensieri in modo chiaro e rispettoso. Questo li aiuta a sviluppare capacità comunicative efficaci;
- Promuove un senso di comunità: quando gli studenti si impegnano in discussioni in classe si sentono parte di una comunità che valorizza il loro contributo e le loro idee.

<u>Per generare discussioni in classe efficaci:</u>

- Stabilisci aspettative chiare: stabilisci linee guida chiare per la partecipazione, ad esempio dando a tutti l'opportunità di parlare o richiedendo argomenti basati sull'evidenza;
- Crea un ambiente sicuro: incoraggia un dialogo rispettoso creando un ambiente in cui tutte le voci possono esprimersi senza giudizio;
- Utilizza domande aperte: poni domande che incoraggino il pensiero critico e consentano molteplici prospettive;
- Fornisci feedback: dai un feedback costruttivo sui contributi dei tuoi studenti alla discussione, aiutandoli a capire come possono migliorare le loro capacità di ragionamento.

Il Cooperative learning

L'apprendimento cooperativo è una metodologia di insegnamento che coinvolge gli studenti che lavorano insieme in piccoli gruppi per raggiungere obiettivi condivisi. Questo approccio può avere molti vantaggi sia per l'apprendimento degli studenti che per le dinamiche della classe. Gli studenti sono i protagonisti mentre l'insegnante ricopre il ruolo di organizzatore/supervisore per garantire il rispetto reciproco.

<u>Vantaggi dell'apprendimento cooperativo:</u>

- Incoraggia l'apprendimento attivo: l'apprendimento cooperativo richiede agli studenti di partecipare attivamente al processo di apprendimento impegnandosi in discussioni, condividendo idee e collaborando con i loro coetanei;
- Sviluppa abilità sociali: lavorare insieme in gruppo aiuta gli studenti a sviluppare importanti abilità sociali come la comunicazione, la leadership e il lavoro di squadra;
- Promuove il pensiero critico: l'apprendimento cooperativo incoraggia il pensiero critico richiedendo agli studenti di analizzare e valutare le informazioni e le idee presentate dai loro coetanei;
- Aumenta la motivazione: gli studenti spesso si sentono più motivati quando lavorano con i loro coetanei verso obiettivi condivisi.

Il Flipped classroom

La flipped classroom è una metodologia di insegnamento che coinvolge gli studenti che guardano lezioni o video preregistrati a casa e poi, in un secondo momento, svolgono delle attività in classe collegate a quello che hanno visto. Questo approccio può avere molti vantaggi sia per l'apprendimento degli studenti che per le dinamiche della classe.

<u>Vantaggi di Flipped Classroom:</u>

- Incoraggia l'apprendimento attivo: gli studenti partecipano attivamente al processo di apprendimento impegnandosi in discussioni, risoluzione dei problemi e collaborazione attiva con i coetanei;
- Personalizza l'apprendimento: gli studenti possono guardare lezioni o video preregistrati al proprio ritmo e rivedere i materiali secondo le proprie necessità;
- Aumento del coinvolgimento: arrivando in classe preparati con la conoscenza del materiale preregistrato gli studenti si sentono più sicuri e coinvolti;
- Promuove il pensiero critico: questa metodologia incoraggia il pensiero critico richiedendo agli studenti di analizzare le informazioni presentate durante le sessioni di classe, applicandole poi a scenari del mondo reale.

Per far sì che questo metodo abbia successo è importante che il materiale preregistrato sia di alta qualità, e soprattutto coinvolgente e in linea con gli obiettivi. È altresì importante fornire il giusto supporto agli studenti, creando anche diversi momenti di collaborazione.

Riassumendo: questa metodologia didattica è in grado di trasformare le ore in classe in tempo da sfruttare per varie attività, dibattiti o esperienze pratiche. L'insegnante ha il compito di facilitatore in quanto organizza il lavoro ma svolge poi un ruolo da regista, se vogliamo.

La Simulazione (role playing)

Il gioco di ruolo è una metodologia di insegnamento che coinvolge gli studenti che assumono ruoli o interpretano personaggi diversi per recitare scenari o situazioni. Questo approccio può avere molti vantaggi sia per l'apprendimento degli studenti che per le dinamiche della classe.

Vantaggi del gioco di ruolo:

- Incoraggia l'apprendimento attivo: il gioco di ruolo richiede agli studenti di partecipare attivamente al processo di apprendimento impegnandosi in discussioni, risoluzione dei problemi e collaborazione con i loro coetanei;
- Sviluppa l'empatia: assumendo diversi ruoli o interpretando i personaggi gli studenti possono sviluppare empatia e comprendere le diverse prospettive e i punti di vista;
- Promuove il pensiero critico: il gioco di ruolo incoraggia il pensiero critico richiedendo agli studenti di analizzare le informazioni presentate durante l'attività e applicarle in seguito a scenari del mondo reale;
- Aumenta il coinvolgimento: il gioco di ruolo può essere un modo divertente e interattivo per gli studenti di imparare ed è in grado di aumentare il coinvolgimento e la motivazione nella classe.

Il Circle time

È un metodo didattico volto all'educazione emotiva dove gli alunni discutono di un argomento. Il docente svolge la funzione di supervisore, così da favorire il processo di comunicazione grazie alla partecipazione di tutti. La comunicazione circolare garantisce diversi vantaggi, innanzitutto agevola la conoscenza reciproca e la cooperazione grazie ad atteggiamenti volti al rispetto delle regole.

Vantaggi di Circle Time:

- Incoraggia l'ascolto attivo offrendo a ogni studente l'opportunità di condividere i propri pensieri e opinioni;
- Costruisce relazioni: aiuta a costruire relazioni tra gli studenti creando uno spazio sicuro per la comunicazione aperta e la collaborazione;
- Promuove lo sviluppo socio-emotivo: può aiutare a promuovere lo sviluppo socio-emotivo offrendo agli studenti l'opportunità di praticare empatia, gentilezza e rispetto reciproco;
- Aumenta il coinvolgimento incoraggiando la partecipazione di ogni studente.

Peer education

Trattasi di una metodologia di insegnamento fondata su di un processo dove le esperienze vengono condivise. In questo modo vengono sviluppate importanti qualità come la consapevolezza, le capacità relazionali e comunicative. Questo approccio può avere molti vantaggi sia per l'apprendimento degli studenti che per le dinamiche della classe.

Vantaggi dell'educazione tra pari:

- Incoraggia l'apprendimento attivo: l'educazione tra pari promuove l'apprendimento attivo offrendo agli studenti l'opportunità di impegnarsi in discussioni collaborative volte alla risoluzione dei problemi.
- Aiuta a costruire la fiducia: l'educazione tra pari aiuta a costruire la fiducia dando agli studenti l'opportunità di assumere ruoli di leadership insegnando anche agli altri;
- Promuove il pensiero critico: l'educazione tra pari promuove il pensiero critico richiedendo agli studenti di analizzare le informazioni presentate durante l'attività e applicarle poi a scenari di vita reale.

IBSE

IBSE, o *Inquiry-Based Science Education*, è una metodologia didattica che coinvolge gli studenti nell'esplorazione di concetti e teorie scientifiche attraverso domande e indagini. Questo approccio può avere molti vantaggi sia per l'apprendimento che per le dinamiche della classe. Gli studenti sono portati a sviluppare il ragionamento critico e quello logico in base alle informazioni che raccolgono.

Vantaggi dell'IBSE:

- Incoraggia l'apprendimento attivo offrendo agli studenti l'opportunità di impegnarsi in attività pratiche e di indagine;
- Sviluppa la capacità di pensiero critico: aiuta a sviluppare la capacità di pensiero critico richiedendo agli studenti di analizzare i dati, trarre conclusioni e comunicare alla classe i risultati ottenuti;
- Promuove la curiosità: incoraggia gli studenti a porre domande esplorando anche le varie risposte ottenute attraverso il metodo dell'indagine;
- Aumenta il coinvolgimento e la motivazione.

Il Debate e lo storytelling

Il dibattito e la narrazione sono due metodologie di insegnamento che possono essere utilizzate per coinvolgere gli studenti ampliando il loro pensiero critico, la creatività e la comunicazione. Ogni approccio ha vantaggi unici per l'apprendimento e le dinamiche all'interno della classe.

Benefici del dibattito:

- Incoraggia il pensiero critico: i dibattiti richiedono agli studenti di analizzare le informazioni presentate durante l'attività, di formare opinioni e di sostenere le loro argomentazioni con prove;
- Sviluppa abilità comunicative: i dibattiti aiutano a sviluppare le capacità comunicative richiedendo agli studenti di articolare le loro idee in modo chiaro e persuasivo;
- Promuove la collaborazione: i dibattiti promuovono la collaborazione richiedendo agli studenti di lavorare insieme in team per ricercare e preparare argomenti;
- Aumenta il coinvolgimento: coinvolgendo gli studenti in una discussione argomentativa strutturata i dibattiti possono aumentare il coinvolgimento e la motivazione all'interno della classe.

Vantaggi dello storytelling:

- Coinvolge le emozioni: la narrazione coinvolge le emozioni grazie ai personaggi che si possono interfacciare con il proprio vissuto;
- Migliora la creatività: lo storytelling migliora la creatività incoraggiando gli studenti a immaginare nuovi scenari o prospettive in base alla storia raccontata;
- Promuove le abilità comunicative: la narrazione promuove le capacità comunicative incoraggiando gli studenti a esprimersi attraverso il linguaggio creativo;
- Aumenta il coinvolgimento: coinvolgendo gli studenti in un'esperienza narrativa immersiva si aumenta il coinvolgimento e la motivazione all'interno della classe.

Incorporando il dibattito e/o la narrazione nella metodologia di insegnamento si va a creare un ambiente nel quale gli studenti si sentono supportati, coinvolti, mentre sviluppano importanti capacità insieme ai coetanei.

EAS

EAS, o *Experience-Action-Reflection*, è una metodologia didattica che coinvolge gli studenti in esperienze di apprendimento attivo seguite dalla riflessione e dall'uso del pensiero critico. Questo approccio può avere molti vantaggi sia per l'apprendimento che per le dinamiche della classe.

<u>Vantaggi dell'EAS:</u>

- Incoraggia l'apprendimento attivo offrendo agli studenti l'opportunità di impegnarsi in esperienze pratiche;
- Sviluppa capacità di pensiero critico richiedendo agli studenti di analizzare le loro esperienze, trarre conclusioni e comunicare i loro risultati;
- Promuove l'autoconsapevolezza: incoraggia gli studenti a riflettere sui propri pensieri, sentimenti e azioni durante l'esperienza;
- Aumenta il coinvolgimento e la motivazione in classe.

Emozioni e intelligenza

Cosa sono le emozioni?

Diversi studi in materia hanno fornito sempre una spiegazione diversa di fronte al termine "emozione". Non vi è dubbio che queste siano delle reazioni più o meno intense a livello emotivo e fisico che tutti, e credo nessuno escluso, proviamo nel corso della vita.

L'emozione è una reazione in risposta a uno stimolo preciso: se ad esempio ho paura dei ragni e ne vedo uno ecco che posso bloccarmi a causa della paura. Le emozioni si relazionano per certi versi anche ai nostri ricordi o pensieri; quante volte capita di emozionarsi solo ascoltando una canzone e questo avviene perché le emozioni vanno a toccare delle corde del nostro animo alquanto profonde.

Le emozioni hanno una precisa funzione, ovvero:

- Permettono una reazione immediata, come nel caso della paura;
- Migliorano la comunicazione rendendola unica;
- Ci permettono di regolarci; infatti, se avverto che sono arrabbiato, è opportuno che cerchi in qualche modo di calmarmi.

È bene sapere che uno dei primissimi studiosi a interessarsi di emozioni fu proprio Darwin il quale, infatti, sosteneva che le emozioni sono utili alla specie umana in quanto ne hanno favorito la sopravvivenza; basti pensare a cosa ne sarebbe stato dell'uomo primitivo se non avesse mai provato la paura, un'emozione posta alla base dell'istinto di sopravvivenza.

Pertanto, le emozioni generano un vantaggio fisiologico e comunicativo.

Le teorie alla base delle emozioni: le origini e lo sviluppo

Oltre a definire che cosa sono le emozioni credo sia utile scoprire le varie teorie che sono nate intorno a questo argomento.

La teoria di James-Lange

La teoria delle emozioni di James-Lange suggerisce che le emozioni sono il risultato di reazioni fisiologiche a uno stimolo. Secondo questa teoria la nostra risposta fisica a una situazione innesca un'esperienza emotiva. Il classico esempio è: non ridi perché sei felice, ma lo sei proprio perché ridi; quindi è l'atto in sé che scaturisce l'emozione.

Principi chiave

- Risposta fisiologica: questa teoria afferma che, quando incontriamo uno stimolo, come un animale pericoloso o un evento inaspettato, il nostro corpo risponde con una reazione fisiologica, come l'aumento della frequenza cardiaca o la sudorazione;
- Esperienza emotiva: la risposta fisiologica innesca quindi un'esperienza emotiva. Ad esempio, se vediamo un animale pericoloso e la nostra frequenza cardiaca aumenta potremmo provare paura.
- Risposte diverse per emozioni diverse: la teoria suggerisce che diverse risposte fisiologiche portano a diverse esperienze emotive. Ad esempio, se incontriamo qualcosa di divertente e rispondiamo con una risata potremmo provare felicità o contentezza.

Critiche

Mentre la teoria di James-Lange ha contribuito in modo significativo alla nostra comprensione delle emozioni, tuttavia non è stata immune da critiche nel corso degli anni. Alcune di queste includono le seguenti osservazioni:

- Ambiguità nelle risposte fisiologiche: i critici sostengono che è difficile identificare risposte fisiologiche specifiche per ogni emozione poiché molte emozioni diverse possono produrre reazioni fisiche simili;
- Ruolo della cognizione: i critici suggeriscono che i fattori cognitivi svolgono un ruolo significativo nel determinare le esperienze emotive piuttosto che prendere solo le risposte fisiologiche;

- Mancanza di prove empiriche: i critici sostengono che non ci sono prove empiriche sufficienti a sostegno della teoria rispetto ad altre teorie sulle emozioni.

Nonostante queste critiche la teoria di James-Lange rimane un importante contributo per capire come funzionano le emozioni e continua a essere studiata ancora oggi.

La teoria di Cannon-Bard

La teoria delle emozioni di Cannon-Bard afferma che le risposte fisiologiche e le esperienze emotive si verificano simultaneamente piuttosto che dietro a una concausa. Secondo questa teoria noi proviamo emozioni quando il nostro cervello interpreta una situazione come emotivamente significativa.

Principi chiave

- Risposta simultanea: la teoria suggerisce che, quando incontriamo uno stimolo, come un animale pericoloso o un evento inaspettato, il nostro corpo risponde fisiologicamente nello stesso momento in cui sperimentiamo una risposta emotiva;
- Talamo: Il talamo è una parte del cervello responsabile dell'elaborazione delle informazioni sensoriali. Secondo questa teoria il talamo svolge un ruolo fondamentale nell'interpretare le situazioni come emotivamente significative e nell'innescare risposte sia fisiologiche che emotive;
- Risposte indipendenti del corpo e della mente: questo significa che i cambiamenti nella fisiologia non causano emozioni, ma avvengono insieme all'emozione sperimentata.

Critiche

- Ambiguità nell'esperienza emotiva: i critici sostengono che è difficile identificare esperienze emotive specifiche poiché molte emozioni diverse possono produrre reazioni fisiche simili;
- Ruolo della cognizione: i critici suggeriscono che i fattori cognitivi svolgono un ruolo significativo nel determinare le esperienze emotive piuttosto che solo le risposte fisiologiche;
- Mancanza di specificità: i critici sostengono che la teoria del Cannon-Bard non fornisce abbastanza specificità su come le diverse emozioni siano innescate da diversi tipi di stimoli.

Secondo la teoria l'origine delle emozioni si trova nel talamo ed è proprio da qui che, poi, le varie manifestazioni arrivano a coinvolgere il corpo. Una critica a questa teoria giunse da diverse osservazioni dove a degli animali erano state recise le vie nervose collegate al cervello; eppure, nonostante questi collegamenti interrotti, erano in grado di provare delle emozioni. Questo non inficia la validità ma spinge a porsi ulteriori domande.

La teoria di Schachter-Singer

La teoria delle emozioni di Schachter-Singer, nota anche come la teoria dei due fattori, suggerisce che le emozioni sono il risultato sia delle risposte fisiologiche che delle interpretazioni cognitive di una situazione. Secondo questa teoria la nostra risposta fisica a una situazione è influenzata dalla nostra valutazione cognitiva della stessa.

Principi chiave

- Risposta fisiologica: la teoria propone che, quando incontriamo uno stimolo, il nostro corpo risponde con una reazione fisiologica;
- Valutazione cognitiva: la valutazione cognitiva comporta l'interpretazione della situazione per conferirle un preciso significato emotivo, (processo di Etichettamento delle emozioni);
- Interazione tra fattori fisiologici e cognitivi: sia le risposte fisiologiche che le interpretazioni cognitive interagiscono per formare delle esperienze emotive.

Critiche

- Ambiguità nella valutazione cognitiva: i critici sostengono che è difficile definire come funzionano le valutazioni cognitive poiché possono essere influenzate da molti fattori come le esperienze passate e il background culturale;
- Mancanza di specificità: i critici sostengono che la teoria di Schachter-Singer non fornisce abbastanza specificità su come le diverse emozioni sono innescate da diversi tipi di stimoli;
- Enfasi eccessiva sulla cognizione: i critici suggeriscono che questa teoria enfatizza eccessivamente la cognizione a scapito di altri fattori importanti come, ad esempio, il contesto sociale.

Quando prendono forma le emozioni?

La teoria di Alan Sroufe

Alan Sroufe è uno psicologo dello sviluppo che ha proposto una teoria delle emozioni la quale sottolinea l'importanza delle prime esperienze nel plasmare lo sviluppo emotivo. Secondo Sroufe lo sviluppo emotivo è un processo dinamico che coinvolge interazioni tra: biologia, esperienza e contesto.

Questo studioso era convinto del fatto che ogni persona nascesse con un proprio corredo emotivo e che poi, grazie allo sviluppo affettivo e cognitivo, questo iniziasse a differenziarsi. Le emozioni secondo Alan attraversavano tre fasi:

- Primi tre mesi quella del piacere e della gioia;
- Dal terzo mese in avanti quella della paura;
- Dal sesto mese in avanti quella della frustrazione.

Principi chiave

- Regolazione delle emozioni: Sroufe suggerisce che la regolazione delle emozioni svolge un ruolo fondamentale nello sviluppo emotivo. Ciò implica imparare a gestire ed esprimere le emozioni in modo appropriato in diverse situazioni;
- Attaccamento: le relazioni di attaccamento con i caregiver forniscono una base importante per lo sviluppo emotivo. Queste relazioni possono modellare il modo in cui i bambini imparano a regolare le loro emozioni e a interagire con gli altri;
- Continuità e cambiamento: lo sviluppo emotivo è un processo che inizia nell'infanzia e continua per tutta la vita. Tuttavia, le esperienze e i contesti possono anche portare a cambiamenti nel funzionamento emotivo nel tempo.

Critiche

- Generalizzazione: i critici sostengono che questa teoria potrebbe essere meno applicabile a individui provenienti da diversi background culturali o a coloro che hanno subito traumi o altri eventi significativi della vita;
- Complessità: i critici suggeriscono che questa teoria potrebbe essere troppo complessa e difficile da applicare in contesti come, ad esempio, la terapia;
- Mancanza di specificità: i critici sostengono che questa teoria non fornisce abbastanza specificità su come le diverse emozioni sono innescate da diversi tipi di stimoli.

La teoria di Izard

Izard suggerisce che le emozioni sono innate ma vengono anche influenzate da fattori sociali e culturali. Questo studioso ha elaborato una teoria differenziale la quale, diversamente da quella precedente che abbiamo incontrato, ci dice che ogni persona al momento della nascita possiede già delle emozioni fondamentali. L'ambiente, con la sua influenza, può rendere alcune emozioni più prevalenti rispetto alle altre. Le emozioni vengono correlate ai bisogni infatti, secondo Izard, la paura corrisponde a un bisogno primario da soddisfare. Dal secondo anno di vita in avanti i bambini riescono a gestire le loro emozioni ed è proprio qui che si manifestano le emozioni sociali.

Principi chiave

- Emozioni innate: Secondo Izard ci sono dieci emozioni di base che sono innate e universali nelle varie culture. Queste includono gioia, interesse-eccitazione, sorpresa, tristezza, rabbia, disgusto, disprezzo, paura, vergogna e senso di colpa;
- Funzionalità: le emozioni svolgono importanti funzioni adattive nella nostra vita. Ad esempio, la paura ci aiuta a evitare situazioni pericolose mentre la gioia ci incoraggia a perseguire esperienze piacevoli;
- Espressioni emotive: le espressioni emotive coinvolgono sia le espressioni facciali che il linguaggio del corpo. Queste espressioni possono essere usate per comunicare come ci sentiamo agli altri.

Critiche

- Portata limitata: i critici sostengono che questa teoria potrebbe essere troppo limitata nella sua portata poiché si concentra solo su dieci emozioni di base;
- Semplificazione eccessiva: i critici suggeriscono che questa teoria potrebbe semplificare eccessivamente la complessità delle emozioni umane riducendole a un insieme di categorie di base;
- Mancanza di specificità: i critici sostengono che questa teoria non fornisce abbastanza specificità su come le diverse emozioni sono innescate da diversi tipi di stimoli.

Le emozioni primarie e secondarie

Il primo studioso a classificare le emozioni fu R. Plutchik che le suddivise in primarie e complesse. Riuscì a rappresentare la sua teoria attraverso un fiore dove al suo interno erano collocate le otto primarie, le quali si contrapponevano a coppie di quattro andando a svelare via via quelle più complesse.

Ekman e Friesen si occuparono delle emozioni fondamentali. Questi due studiosi, dopo aver studiato differenti popoli, convennero nell'affermare che le emozioni primarie erano uguali in termini di espressioni anche in popoli molto lontani tra di loro.

Quali sono le emozioni fondamentali?

- Felicità
- Tristezza
- Rabbia
- Paura
- Disgusto
- Rabbia
- Sorpresa

Ekman ci aggiunse, oltre alla biologia, anche un'origine culturale alla base della manifestazione delle emozioni grazie a delle regole apprese nei vari contesti sociali durante la crescita. Queste regole, in relazione al contesto, erano in grado di intensificarle oppure di inibirle.

Un altro studio alquanto interessante è quello che è stato condotto da M. Lewis. Questo studioso è stato sempre convinto dell'opportuna distinzione delle emozioni in:

- Emozioni primarie/fondamentali (es. rabbia, paura ecc.);
- Emozioni secondarie, definite anche con il termine di consapevolezza (es. vergogna, orgoglio, ecc.)

Le emozioni secondarie, rispetto a quelle primarie, detengono un grado di complessità più elevato in quanto nel ragionamento interviene il sé. Infatti, la paura può essere una reazione istintiva mentre la vergogna può nascere in risposta a un ragionamento sulla propria persona in relazione a un evento.

L'empatia

Il termine empatia deriva dal greco e significa comprendere l'altro. Con questa parola si fa riferimento alla capacità, alquanto positiva in termini relazionali, di riuscire a mettersi nei panni dell'altro, riuscendone a percepire lo stato d'animo.

Ma da cosa nasce l'empatia?

Diversi studi recenti mostrano che l'empatia proviene da un corredo genetico e grazie all'azione dei neuroni a specchio, i quali si attivano quando una persona esegue un certo tipo di azione. Così ci capita che, se qualcuno piange, anche a noi è possibile che scenda una lacrima; oppure, se qualcuno si lamenta per diverso tempo, questo può predisporci in uno stadio emotivo negativo.

Hoffman ha definito le tre componenti dell'empatia

Infatti lui crede che l'empatia sia visibile fin dai primi giorni di vita in cui vi è già presente la componente affettiva alla quale si aggiunge, nel corso del tempo, quella cognitiva. L'insieme delle due permette il manifestarsi di forme complesse di empatia. Alle prime due se ne aggiunge un'altra definita come motivazionale, la quale spinge le persone empatiche a eseguire un'azione volta ad aiutare il prossimo.

Infatti, secondo Hoffman, quando aiutiamo qualcuno ci sentiamo bene; diversamente, quando ci svincoliamo da una richiesta d'aiuto in noi potrebbe sorgere il senso di colpa.

I quattro livelli dell'empatia e del suo sviluppo sono i seguenti:

1. Empatia globale o di contagio emotivo (es. i neonati);
2. Empatia egocentrica: dal primo anno in avanti il contagio emotivo tende a diminuire, ogni evento il bambino tende a relazionarlo a sé;
3. Empatia per i sentimenti altrui: si manifesta quando nasce la consapevolezza dell'altro;
4. Empatia per la condizione di vita altrui: in questo caso entra in gioco tutto quello che conosciamo dell'altra persona e non solo i fatti in relazione all'evento.

L'empatia è connessa con il nostro sistema morale, basti osservare quando non riusciamo nel nostro intento: in questi casi tende a nascere il senso di colpa.

Empatia e comunicazione

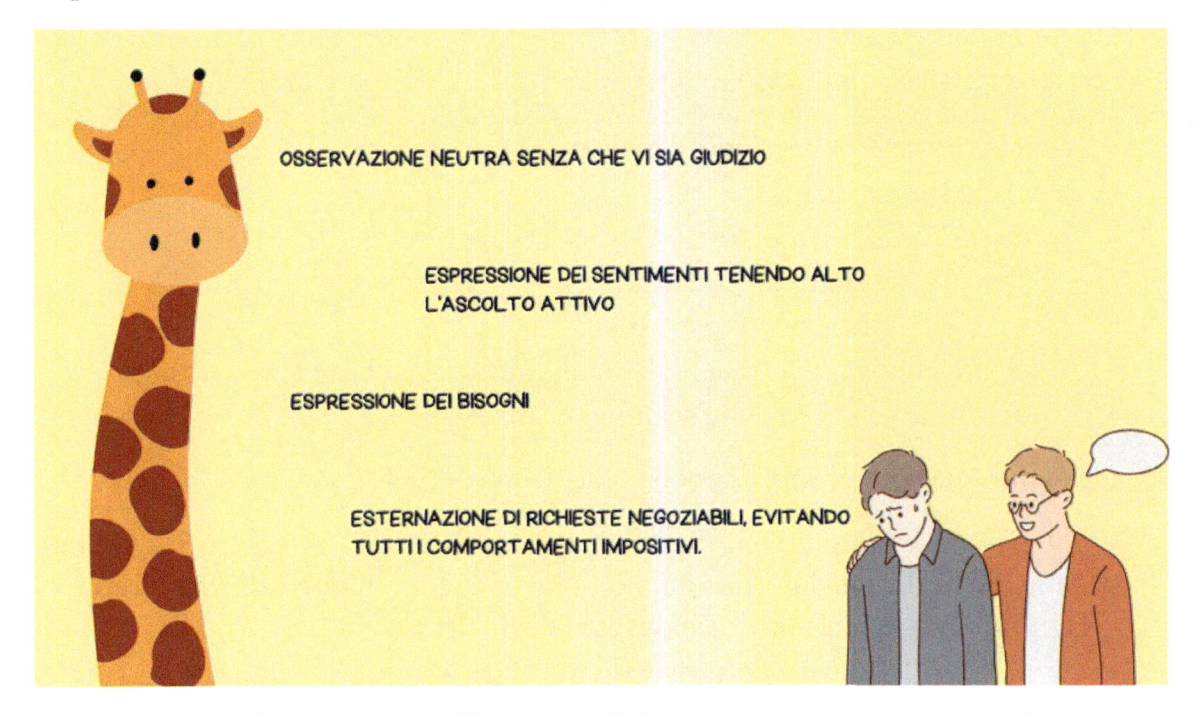

OSSERVAZIONE NEUTRA SENZA CHE VI SIA GIUDIZIO

ESPRESSIONE DEI SENTIMENTI TENENDO ALTO L'ASCOLTO ATTIVO

ESPRESSIONE DEI BISOGNI

ESTERNAZIONE DI RICHIESTE NEGOZIABILI, EVITANDO TUTTI I COMPORTAMENTI IMPOSITIVI.

Marshall Rosemberg è stato l'ideatore della comunicazione non violenta. Questo metodo permette una comunicazione più inclusiva volta a ridurre al minimo i possibili scontri.

La comunicazione non violenta pone le sue basi sulla compassione. Per sviluppare un linguaggio inclusivo volto alla comprensione è bene abbracciare il linguaggio giraffa, prendendo le distanze dal linguaggio sciacallo.

La giraffa, grazie al suo collo lungo, viene presa come modello empatico perché il fatto di avere quel collo le garantisce una visione superiore o a lungo termine, se vogliamo. La giraffa pone delle richieste, ascolta i bisogni, mette in campo i sentimenti e osserva costantemente.

L'empatia nel sistema scuola

L'empatia nel sistema scuola risulta essere un elemento fondamentale. Essendo l'empatia la capacità di comprendere gli altri, risulta chiaro come il rapporto educativo insegnante–alunno ne risulti rafforzato.

N.B.: Nel sistema scolastico l'empatia gioca un ruolo cruciale nel promuovere relazioni positive tra studenti, insegnanti e personale.

Il docente empatico comunica agli altri:

- Una buona predisposizione al dialogo;
- Una apertura al dialogo;
- La disponibilità a condividere la propria esperienza;
- Una buona gestione dei feedback;
- Assenza di giudizio poco costruttivo;
- Il saper comunicare attraverso i canali uditivo, visivo e psicologico;
- L'attenzione riversata nello scambio comunicativo.

Ecco alcuni vantaggi dell'empatia nelle scuole:

- Miglioramento delle abilità sociali: l'empatia aiuta gli studenti a sviluppare migliori abilità sociali consentendo loro di comprendere e rispondere in modo appropriato ai sentimenti e ai bisogni degli altri;
- Bullismo ridotto: una cultura scolastica che promuove l'empatia può aiutare a ridurre il bullismo incoraggiando gli studenti a trattarsi l'un l'altro con gentilezza e rispetto;
- Migliori prestazioni accademiche: gli insegnanti empatici possono creare un ambiente di apprendimento di supporto in cui gli studenti si sentano sicuri di correre rischi, porre domande e imparare dai loro errori.

Modi per promuovere l'empatia nelle scuole:

- Programmi di apprendimento socio-emotivo: questi programmi insegnano agli studenti come identificare e gestire le proprie emozioni, promuovendo allo stesso tempo l'empatia verso gli altri;
- Modelli da cui trarre esempio: insegnanti e personale dovrebbero modellare il comportamento empatico trattando tutti gli studenti con rispetto, ascoltando attivamente e rispondendo in modo ponderato;
- Progetti di Service-Learning: i progetti di Service-learning consentono agli studenti di applicare le loro conoscenze e abilità, sviluppando allo stesso tempo l'empatia nei confronti degli altri.

Sfide possibili

Mentre promuovere l'empatia nelle scuole ha molti vantaggi, ci sono anche delle sfide che devono essere affrontate:

- Vincoli di tempo: gli insegnanti hanno spesso un tempo limitato per le attività al di là dell'istruzione accademica;
- Resistenza da parte di studenti o personale: alcuni potrebbero non vedere il valore di promuovere l'empatia o potrebbero fungere da ostacolo;
- Differenze culturali: culture diverse possono avere approcci diversi per esprimere le emozioni, il che può rendere difficile promuovere una comprensione universale.

Nonostante queste sfide, promuovere l'empatia rimane un obiettivo essenziale per creare una cultura scolastica positiva che supporti gli studenti.

L'intelligenza

Si definisce come intelligenza l'insieme delle capacità che permettono a una persona di affrontare e risolvere determinate situazioni e/o problemi che si possono presentare nel corso della vita.

La misurazione dell'intelligenza, o meglio, del quoziente intellettivo, viene effettuata per mezzo di differenti test. Il quoziente intellettivo è sempre dato dalla relazione età anagrafica ed età mentale.

- La scala di Wechsler per adulti;
- La scala di Wechsler per bambini;
- La scala di Stanford Binet;
- Le matrici progressive di Raven (valutazione della funzione cognitiva e dell'influenza culturale/linguistica).

Gardner e le intelligenze multiple

Per questo studioso esistono diverse tipologie di intelligenza, ognuna specifica in diversi ambiti dell'attività dell'uomo.

1. L'intelligenza logico-matematica permette di individuare delle relazioni e di risolvere i problemi;

2. L'intelligenza linguistica permette di variare il proprio registro/tono in base al contesto in cui ci si trova;
3. L'intelligenza spaziale permette di comprendere le forme nello spazio e di costruire opportune relazioni;
4. L'intelligenza musicale la si ritrova nell'atto della riproduzione o della composizione;
5. L'intelligenza corporeo-cinestetica permette di utilizzare il proprio corpo in relazione all'ambiente;
6. L'intelligenza interpersonale consente di comprendere gli altri e quello che ci circonda grazie alle emozioni e agli stati d'animo;
7. L'intelligenza interpersonale è un'importante abilità che permette di capire il proprio mondo in relazione a quello altrui.

Oltre a quelle citate, nel corso del tempo Gardner ne ha aggiunte ancora quattro, così abbiamo:

8. L'intelligenza naturalistica la quale permette di classificare gli oggetti del mondo naturale attribuendo giuste relazioni;
9. L'intelligenza esistenziale la quale ci permette di attuare delle profonde riflessioni;
10. L'intelligenza morale che trova il suo campo d'azione negli atteggiamenti morali (bene/male e giusto/errato);
11. L'intelligenza spirituale incentrata sullo spirito e non sulla materia.

La teoria di Gardner ha implicazioni significative per l'educazione. Riconoscendo che gli studenti possono avere diversi punti di forza e di debolezza in vari tipi di intelligenze, gli educatori possono adattare i loro metodi di insegnamento per soddisfare meglio le esigenze dei singoli studenti.

Ad esempio, uno studente con un'elevata intelligenza corporea-cinestetica può beneficiare di attività di apprendimento pratico. Uno studente con un'elevata intelligenza linguistica può eccellere nelle attività di lettura o scrittura.

La teoria di Gardner ha guadagnato anche alcune critiche nel corso degli anni. Alcuni critici sostengono che il concetto di intelligenze multiple manca di prove empiriche o che le categorie non sono nient'altro se non una sovrapposizione dei tratti della personalità.

Spearman e la teoria bifattoriale

Charles Spearman era uno psicologo che propose la teoria dei due fattori dell'intelligenza. Secondo questa teoria esistono due tipi di intelligenza: intelligenza generale (g) e intelligenza specifica (s).

I due fattori:

- Fattori generali G: qui si trova l'intelligenza di base, quella che permette di fare collegamenti tra varie cose. Più correlazioni ci sono o troviamo e più il nostro fattore G assume un livello importante.
- Fattori specifici S: qui si trova l'intelligenza specifica, quella che permette lo sviluppo di particolari abilità, in grado di sviluppare competenze o di risolvere problemi.

La teoria di Spearman suggerisce che, mentre gli individui possono avere punti di forza in alcune intelligenze specifiche, la loro capacità cognitiva complessiva è determinata dal loro livello di intelligenza generale. Pertanto gli educatori dovrebbero concentrarsi sullo sviluppo di intelligenze sia generali che specifiche nei loro programmi e metodi.

Ad esempio, l'insegnamento delle abilità matematiche può sviluppare un'intelligenza matematica specifica e può anche migliorare le capacità cognitive generali come la risoluzione dei problemi e il ragionamento logico.

La teoria dei due fattori di Spearman ha affrontato alcune critiche nel corso degli anni. Alcuni critici sostengono che questa semplifica eccessivamente la complessità della cognizione umana riducendola a soli due fattori. Altri sostengono che pone troppa enfasi sul test del QI come misura dell'intelligenza generale.

Sternberg e la teoria Triarchica

Robert Sternberg è uno psicologo che ha proposto la teoria triarchica dell'intelligenza, che consiste di tre componenti o sottoteorie.

Questa teoria, che risale al 1985, venne paragonata ai suoi esordi alla teoria bifattoriale che abbiamo visto prima, ma poi è riuscita a trovare una sua identità in quanto differisce da quella di Spearman. La teoria di Sternberg suggerisce che gli educatori dovrebbero concentrarsi sullo sviluppo di tutte e tre le componenti dell'intelligenza quando sviluppano i loro programmi e metodi.

L'intelligenza è suddivisa in:

- Intelligenza contestuale: questa intelligenza si distingue per la sua praticità. Le persone che la sviluppano sono in grado di accettare le prove e i fallimenti meglio di altre in quanto non si abbattono ma si rimettono in movimento. È un'intelligenza che consente alla persona di trovare la giusta motivazione e di saper affrontare gli eventi nella maniera migliore;
- Intelligenza esperienziale: la natura di questa intelligenza è creativa e tende a servirsi dell'intuito in molte situazioni;
- Intelligenza componenziale: la natura di questa intelligenza è di tipo analitico e porta le persone a un continuo esame fino al raggiungimento di una soluzione logica. È, tra le altre cose, un'intelligenza misurabile dal QI. L'intelligenza componenziale al suo interno racchiude altri fattori che Sternberg chiamò metacomponenti (processi per il controllo e la risoluzione dei problemi), componenti di esecuzione (sono attivi nell'esecuzione dei comandi), componenti dell'acquisizione della conoscenza (riguardano i processi mnemonici che permettono di apprendere).

Mentre la teoria di Sternberg ha guadagnato un'attenzione diffusa per la sua enfasi sulle abilità pratiche, oltre alle tradizionali abilità accademiche ha anche affrontato alcune critiche nel corso degli anni. Alcuni critici sostengono che è difficile misurare oggettivamente le abilità pratiche e che oltre a questo non tiene conto di altri aspetti importanti della cognizione umana.

L'intelligenza emotiva

Goleman

Secondo Goleman l'intelligenza emotiva risiede nella capacità di una persona nel gestire al meglio le emozioni degli altri.

L'intelligenza emotiva non è una qualità acquisita in quanto è possibile apprenderla, attraverso un'educazione all'emozione. Questa intelligenza possiede cinque caratteristiche:

1. Una maggiore consapevolezza di sé;
2. Una maggiore padronanza di sé e delle proprie emozioni;
3. La motivazione che porta a motivare se stessi per raggiungere i propri obiettivi;
4. L'empatia, ovvero la capacità di sentire l'altro;

5. Una abilità sociale in grado di motivare gli altri per raggiungere i loro obiettivi.

Dopo aver definito questi cinque punti Goleman ha continuato il suo lavoro arrivando a raggruppare l'intelligenza emotiva in due aree:

1. Competenza personale = indica il modo in cui gestiamo e ci relazioniamo con noi stessi;
2. Competenza sociale = indica il modo in cui gestiamo le relazioni sociali.

Il fatto di possedere un'intelligenza sociale non rende l'uomo più estroverso o simpatico, ma piuttosto gli permette di comprendere l'ambiente sociale in cui è immerso, riuscendo così a gestirlo al meglio per il proprio benessere e quello altrui.

Goleman definisce anche un'altra forma d'intelligenza: quella ecologica. Secondo lo studioso possederla ci permette di capire che ogni azione nell'ambiente ha una conseguenza- Questo processo implica una grande responsabilità per l'uomo che non deve mai sottovalutare; pertanto, possedere l'intelligenza ecologica porta le persone a essere più rispettose e non orientate a egoistici interessi.

Bar-on

Il Bar-On Emotional Quotient Inventory (EQ-i) è uno strumento di valutazione psicologica progettato per misurare l'intelligenza emotiva. È stato sviluppato da Reuven Bar-On, uno psicologo israeliano, nel 1980. L'EQ-i è composto da 133 elementi che valutano cinque componenti principali dell'intelligenza emotiva.

Il test è volto ad analizzare 5 categorie o meta-fattori, ovvero:

- La consapevolezza delle proprie emozioni;
- La capacità di percepire come si sentono gli altri;
- La capacita di gestire le proprie emozioni;
- La capacità di adattamento;
- La capacità di automotivarsi, facilitando comportamenti intelligenti.

L'EQ-i viene tipicamente somministrato tramite questionari o interviste e i punteggi sono calcolati in base alle risposte in tutti i componenti.

L'interpretazione dei risultati comporta il confronto del punteggio di un individuo con quelli di un campione, che fornisce informazioni su come l'intelligenza emotiva di un dato individuo si confronta con gli altri nella loro fascia di età o categoria demografica.

L'EQ-i è stato utilizzato in una varietà di contesti, tra cui istruzione, business, assistenza sanitaria e psicologia dello sport. Può essere utilizzato per scopi quali:

- Identificare le aree per la crescita e lo sviluppo personale;
- Valutazione dei candidati per posizioni che richiedono forti capacità interpersonali;
- Valutare la prontezza emotiva degli atleti per la competizione;
- Fornire feedback sulle capacità di leadership.

In tutto ciò non sono mancate le critiche, infatti, alcuni sostengono che si basa troppo su misure di auto-segnalazione e che manca di prove scientifiche sufficienti a sostegno della sua validità.

Denham e Saarni: competenza emotiva

Carolyn Denham e Carolyn Saarni sono psicologi che hanno contribuito allo studio della competenza emotiva, la quale si riferisce alla capacità di riconoscere, esprimere e regolare le emozioni in se stessi e negli altri.

Entrambi sostengono che l'uomo, prima ancora di essere un "essere sociale", sia un "essere emotivo". In questo senso si inizia a parlare di competenza emotiva la quale, come abbiamo visto, racchiude nella sua definizione tutte le abilità già evidenziate da Goleman. Denham e Saarni ritengono che l'emotività inizi a svilupparsi nel corso dell'infanzia e che gli insegnanti più importanti in questo senso siano proprio i genitori.

Denham e Saarni hanno identificato diverse componenti della competenza emotiva:

- Conoscenza emotiva: la capacità di riconoscere ed etichettare le emozioni in se stessi e negli altri;
- Espressione emotiva: la capacità di comunicare sentimenti attraverso mezzi verbali o non verbali;
- Regolazione delle emozioni: la capacità di gestire le proprie emozioni in modo adattivo e socialmente accettabile;
- Empatia: la capacità di comprendere e rispondere in modo appropriato alle emozioni degli altri;
- Abilità sociali: la capacità di costruire relazioni positive con gli altri.

La teoria di Denham e Saarni suggerisce che la competenza emotiva può essere sviluppata attraverso l'educazione, in particolare promuovendo l'apprendimento socio-emotivo nelle scuole.

I programmi di apprendimento emotivo in genere implicano l'insegnamento agli studenti di abilità come:

- Identificare le proprie emozioni;
- Comprendere le prospettive degli altri;
- Gestire lo stress e la frustrazione;
- Comunicare efficacemente con coetanei e adulti;
- Costruire relazioni positive,

Sviluppando la competenza emotiva attraverso questi programmi gli educatori possono aiutare gli studenti a conseguire il successo che desiderano non solo a scuola ma soprattutto come persone.

L'autoregolazione

Vicino al concetto di competenza emotiva troviamo quello di autoregolazione, intesa come una capacità da apprendere per una migliore gestione delle proprie emozioni. È possibile regolarsi sul piano comportamentale, emotivo e cognitivo.

Il concetto di regolarsi non è associabile a quello di repressione, ma piuttosto a quello di una migliore gestione del proprio agire. Questa strada porta l'uomo a divenire più consapevole della propria azione nel mondo.

Qual è il miglior metodo per insegnare a un bambino ad autoregolarsi?

Prendiamo un'emozione come la rabbia: quando un bambino prova questa emozione intensa non dobbiamo reprimerlo ma piuttosto insegnargli la regolazione attraverso un giusto sfogo, ad esempio: *sei arrabbiato? Bene, sfoga la tua rabbia su un cuscino, riversala tutta lì e poi osservala.*

Il fatto di osservare una nostra emozione ci permette di gestirla al meglio, perché in quel caso non si ragiona a caldo ma piuttosto a mente fredda.

Lo studioso americano M Brackett ha ideato uno strumento in grado di migliorare i nostri processi di consapevolezza, conosciuto come il mood meter (metro dell'umore).

Trattasi di un rettangolo con all'interno differenti quadratini dove sono riportate diverse emozioni. In questo metro variano anche i colori in base a come ci si sente: se mi sento arrabbiato la casellina corrispondente sarà rossa e mi troverò in una carica +5. Il metro in questo senso rappresenta uno strumento di confronto con gli altri perché è solo aprendosi al dialogo che si può percorrere la strada che ci permette di capire noi stessi.

La creatività e il pensiero divergente

Che cos'è la creatività? La si potrebbe definire come la capacità di dar vita a qualcosa che prima non esisteva, basti riflettere su quanto l'uomo sia stato capace di creare per capire la grandezza della creatività. Oppure può essere definita come la capacità di proporre nuove idee, soluzioni o opere che siano originali ed efficaci; implica il superamento dei confini tradizionali e la ricerca di nuove conoscenze per creare qualcosa di veramente unico.

La creatività è una forma di risoluzione dei problemi che si basa su immaginazione, apertura mentale e pensiero divergente. Può includere la creazione di qualcosa dal nulla, l'ideazione di modi innovativi per raggiungere un obiettivo o la creazione di nuove associazioni tra vari oggetti o idee. La creatività può assumere molte forme, tra cui l'espressione artistica, l'esplorazione scientifica, la progettazione ingegneristica, la strategia di marketing, la composizione musicale o anche la risoluzione di problemi quotidiani. È una parte essenziale della vita e della cultura umana che contribuisce alla nostra progressione come specie e ci aiuta a sviluppare nuove prospettive.

Creatività nel sistema scuola e nello sviluppo personale

Sistema scuola

- Promuovere l'insegnamento delle arti e delle discipline creative;
- Favorire un ambiente di apprendimento che incoraggi la sperimentazione e l'esplorazione;
- Stimolare la curiosità e l'immaginazione degli studenti;
- Offrire spazi e risorse per lo sviluppo di progetti creativi;
- Valorizzare le diverse forme di intelligenza, inclusa quella creativa.

Sviluppo personale

- Esplorare nuove idee ed esperienze per stimolare la creatività;

- Coltivare interessi personali al di fuori del lavoro o degli obblighi quotidiani;
- Praticare tecniche di brainstorming per generare idee innovative;
- Abbracciare il fallimento come parte del processo creativo;
- Collaborare con altre persone per ottenere nuove prospettive e idee.

Poincaré

Henri Poincaré è stato un matematico francese del XIX-XX secolo, noto per i suoi contributi in vari campi della matematica e della fisica teorica. Questo studioso ha ridefinito il concetto di creatività allontanandosi da quello di invenzione, spostandosi su un altro termine: quello di attività mentale umana.

Per lui la creatività è insita in una capacità cognitiva dell'uomo che lo porta per l'appunto a creare. La creazione non avviene in un modo qualunque ma definito come nuovo e utile.

<u>Il nuovo porta al superamento di quello che già esiste.</u>

<u>L'utile porta alla creazione di una regola sociale condivisa.</u>

Tra le sue principali teorie si possono citare:

- Teoria dell'analisi complessa: Poincaré ha sviluppato molte delle idee fondamentali dell'analisi complessa, tra cui il concetto di funzione analitica e la teoria dei numeri complessi;
- Teoria della relatività: anche se non ha elaborato direttamente la teoria della relatività, Poincaré ha svolto un ruolo importante nello sviluppo di questa teoria attraverso le sue ricerche sulla meccanica celeste e sulla geometria non euclidea;
- Congettura di Poincaré: questa congettura è stata uno dei problemi più importanti e famosi della topologia. Poincaré ha formulato questa congettura nel 1904, ma è stata dimostrata solo nel 2002 dal matematico Grigorij Jakovlevič Perel'man;
- Teoria del caos: Poincaré è stato uno dei primi a studiare il comportamento caotico dei sistemi dinamici. Ha introdotto il concetto di attrattore strano e ha mostrato come piccole perturbazioni iniziali possano portare a grandi differenze nei risultati finali.

Guilford

Questo studioso si è soffermato sul pensiero divergente e convergente.

Pensiero divergente = consta della capacità di arrivare per un dato problema a molteplici soluzioni. Questa strada implica che il pensiero utilizzi l'originalità e la creatività.

Il pensiero divergente ha degli indici di misurazione:

- Fluidità = numerose idee;
- Flessibilità = capacità di perseguire diverse strategie;
- Originalità = formulazione di idee originali e pertinenti;
- Elaborazione = capacità di rendere concrete le proprie idee.

Il pensiero convergente è la capacità di trovare per quel dato problema una sola risposta valida. (Questa corrente utilizzata in molti test di intelligenza è stata ampiamente sottoposta a critiche).

Per Guilford l'intelligenza è multifattoriale in quanto svolge molteplici compiti tra cui: operazioni, contenuti e prodotti.

De Bono

Questo studioso ha elaborato la teoria del pensiero laterale. Questo pensiero, del tutto simile a quello divergente di Guilford, permette la risoluzione dei problemi tramite il processo del "problem solving", ovvero la capacità di vedere il problema da angolazioni differenti.

Ogni persona tende a sviluppare il pensiero in relazione al proprio animo, basti pensare al modo di agire e pensare di una persona pessimista. Seguendo questa corrente De Bono ha proposto nel 1985 un modo originale per attivare altre tipologie di pensiero.

Il suo modello consiste nell'immaginare di indossare un cappello di un determinato colore, ogni tonalità richiama altre specificità che portano la mente a ragionare seguendo una strada diversa. La tecnica dei Sei Cappelli aiuta le persone a esplorare un problema o una situazione da diverse prospettive. Qui di seguito spiego brevemente come funziona questa tecnica.

La tecnica dei Sei Cappelli prevede, appunto, l'utilizzo di sei cappelli immaginari, ognuno dei quali rappresenta un tipo diverso di pensiero:

- Cappello bianco: rappresenta il ragionamento analitico, ovvero l'analisi dei fatti per come appaiono senza l'impiego di nessun filtro;
- Cappello rosso: rappresenta l'istinto e invita a pensare con il cuore;
- Cappello giallo: rappresenta l'ottimismo e invita a vedere le cose da aspetti maggiormente positivi;
- Cappello nero: rappresenta il pessimismo e invita a vedere le cose dal loro lato più cupo o negativo;
- Cappello verde: rappresenta la creatività e invita a vedere le cose in termini di visione/novità;
- Cappello blu: rappresenta il pensiero logico, si occupa di pianificare e stabilire una metodologia ed è questo che impartisce le regole del gioco.

L'idea è quella di indossare ogni cappello uno alla volta in modo da considerare la situazione da una prospettiva diversa ogni volta, senza giudicare o criticare le idee degli altri partecipanti al processo decisionale.

Questa tecnica può essere utilizzata sia individualmente che in gruppo ed è particolarmente utile per risolvere problemi complessi o per prendere decisioni importanti.

Mednick

Sarnoff Mednick è stato uno psicologo statunitense noto per la sua teoria associativa del processo creativo. Secondo questa teoria (1962) la creatività si basa sulla capacità di fare connessioni tra idee e concetti che in apparenza sembrano distanti o non correlati tra loro.

In pratica consta nella capacità associativa delle idee che le persone hanno. Per un'efficacia del processo creativo le idee devono trovarsi vicine perché, se sono lontane, è possibile che non si riesca a trovare la giusta via di mezzo per dare vita al processo. Si parte dal presupposto che il pensiero creativo non sia un processo casuale ma che abbia una struttura ben definita. In particolare, secondo Mednick, ci sono tre fasi principali del pensiero creativo:

- Preparazione: in questa fase si acquisisce conoscenza e informazioni riguardanti il problema o la situazione da risolvere;

- Incubazione: in questa fase si lascia "incubare" l'informazione acquisita nella fase precedente, senza cercare attivamente di risolvere il problema;
- Illuminazione: in questa fase si ha l'idea creativa che risolve il problema o porta a una nuova scoperta.

Le situazioni associative sono incentivate da:

- L'associazione per somiglianza;
- La mediazione che porta a riconoscere un valore intermedio;
- La serendipità che si avvale della combinazione casuale.

Secondo la teoria associazionaria la preparazione e l'incubazione costituiscono le fasi razionali del processo creativo, mentre l'illuminazione corrisponde alla fase intuitiva. La capacità di fare connessioni tra idee diverse è fondamentale per passare dalla fase razionale a quella intuitiva e raggiungere l'illuminazione.

Mednick ha anche sviluppato un test chiamato Remote Associates Test (RAT) che misura la capacità di fare connessioni tra idee distanti attraverso associazioni verbali.

In sintesi, la teoria associazionaria di Mednick sostiene che la creatività non sia un dono innato ma piuttosto una capacità che può essere sviluppata attraverso esercizi specifici e tecniche cognitive.

Wallas

Wallas Graham è stato uno psicologo, filosofo e riformatore sociale americano. È noto per aver sviluppato il concetto di "sistema di abitudini", un processo di adattamento individuale che dura tutta la vita per giungere all'autorealizzazione. Sosteneva, principalmente, che le abitudini formano la nostra personalità e modellano il nostro comportamento. I suoi scritti si sono concentrati su argomenti come l'autocontrollo, la risoluzione creativa dei problemi, gli effetti psicologici del lavoro e il bisogno di tempo libero.

Scrisse anche molto sulla necessità di una riforma economica per fornire alle persone un migliore accesso alle risorse e alle opportunità. Wallas fu uno dei primi sostenitori degli approcci progressisti all'istruzione e credeva che quest'ultima avesse un ruolo da svolgere nella creazione di vite significative per gli individui e nel miglioramento delle comunità. Cercò di unire i suoi interessi nella psicologia e nella sociologia, sostenendo un approccio che combinasse le intuizioni psicologiche con le riforme sociali, al fine di creare un maggiore equilibrio nella società.

Questo studioso ha reso noto l'articolazione del pensiero creativo, il quale porta alla nascita di nuove cose. Il processo creativo è formato da quattro fasi:

- Preparazione
- Incubazione
- Illuminazione
- Verifica

Nella prima fase, la preparazione, l'individuo raccoglie informazioni e considera le possibili opzioni per risolvere il problema in questione. Durante questa fase Wallas suggerisce che gli individui creativi cerchino attivamente e si impegnino con nuove idee e prospettive.

La seconda fase è l'incubazione. Durante questa fase ci si prende un po' di tempo per allontanarsi dal problema, permettendo alle idee di ribollire e connettersi. Si tratta di un periodo di pensiero prevalentemente inconscio. Dopo l'incubazione, che può durare giorni o addirittura settimane, si verifica la terza fase di illuminazione.

Questa fase è spesso descritta come un momento di intuizione o di realizzazione improvvisa, quando una soluzione creativa si presenta apparentemente dal nulla. Infine la fase di verifica, quella in cui l'individuo testa e perfeziona la propria soluzione per assicurarsi che funzioni nella pratica. Il modello di Wallas è un quadro utile per comprendere la creatività e può aiutare a capire meglio i propri processi creativi. Essendo consapevoli di ogni fase possono lavorare attivamente per attraversarle con successo.

La creatività è spesso definita come "la capacità di creare cose nuove o di pensare a nuove idee". Questa definizione è coerente con il modello di Wallas: non si tratta solo dell'atto di creare qualcosa, ma anche della capacità di proporre idee uniche.

La creatività è essenziale per l'innovazione, la risoluzione dei problemi e l'espressione artistica. Tra le altre cose richiede un pensiero allargato, l'assunzione di rischi, l'apertura mentale e la voglia di sperimentare.

Il pensiero creativo ci aiuta a trovare soluzioni a problemi difficili e a dare nuova vita a processi esistenti. Se la creatività può essere una caratteristica naturale, è anche qualcosa che può essere appreso e sviluppato nel tempo con la pratica. Comprendendo le fasi del processo creativo gli individui possono creare un ambiente in cui prosperare in questo ambito.

La creatività non consiste solo nell'avere nuove idee, ma è anche la capacità di vedere le cose da prospettive diverse e di trovare soluzioni innovative. Comprendendo e applicando il modello di Wallas le persone possono attingere alla loro creatività e sviluppare un lavoro significativo che apporti valore.

<u>Riassumendo, secondo Wallas le fasi del pensiero creativo sono 4:</u>

1. Una prima fase di preparazione dove si raccolgono gli elementi per capire di cosa si ha bisogno per passare a quella successiva;
2. Una fase di incubazione dove l'idea inizia a prendere forma;
3. Una fase costituita da numerosi tentativi;
4. Una fase di verifica per testare la propria idea, dove è possibile attuare numerose sperimentazioni fino a raggiungere uno stato ottimale dove l'idea/prodotto funziona.

Nel percorre tutte queste fasi è importante restare aperti al mondo, continuare a provare con la consapevolezza che anche un'idea stupefacente potrebbe non trovare una applicazione valida nella realtà, motivo per il quale vi è sempre una serie di fasi da seguire e affrontare.

Le principali leggi del sistema scuola

D.LGS 297/94 = Conosciuto come **il testo unico**
(riassume al suo interno le maggiori leggi inerenti alla scuola, come ad esempio gli organi, com'è strutturata e via dicendo)

Legge 53/03 = Conosciuta come la **riforma Moratti** (la legge di riforma inerente al sistema istruzione, è quella che ha introdotto la scuola dell'infanzia, la primaria di primo grado, il primo ciclo, il secondo ciclo, ecc.)

Una riforma importante che si collega ad altri tre provvedimenti (il decreto legislativo 76 del 2005, la legge 296 del 2006 e il decreto 139 del 2007) la riforma Moratti prevedeva **l'obbligo dell'istruzione fino a 12 anni**, con l'ultimo decreto si vuole ribadire il diritto e il dovere all'istruzione, oltre all'obbligo che è esteso fino a 18 anni con l'acquisizione di un diploma.

Legge 107/15 = Conosciuta come, la **Buona scuola** con i suoi **8 decreti legislativi**,.
Ricorda ---> la funzione dei decreti è quella di rafforzare l'impianto normativo della legge.

I decreti vanno dal 59 al 66:
- 59/2017 riguarda la formazione letterale dei docenti della scuola secondaria
- 60/2017 riguarda la promozione della cultura umanistica
- 61/2017 riguarda il riordino dell'istruzione professionale
- 62/2017 riguarda la valutazione della certificazione e delle competenze
- 63/2017 riguarda l'effettività del diritto allo studio e la carta docente
- 64/2017 riguarda la scuola italiana all'estero
- 65/2017 riguarda il sistema 0-6 anni
- 66/2017 riguarda l'inclusione e la disabilità

I tre DPR da ricordare:
DPR 275/99 riguarda l'autonomia scolastica (organizzativa, didattica, di ricerca e quant'altro). La quale si ricollega alla legge di riforma 107/15 che introduceva il concetto di autonomia scolastica.
DPR 249/98 riguarda lo Statuto delle studentesse e degli studenti / Collegato al DPR 255/07 il quale ha introdotto il patto di corresponsabilità
DPR 80/2013 riguarda il sistema di valutazione

In merito agli ordinamenti didattici
Ordinamento didattico dell'infanzia ovvero il primo ciclo d'istruzione e quello della secondaria di primo grado, la normativa di riferimento è nel DPR89/2009 insieme al DM 254 del 2012 ovvero quello che comprende gli obiettivi e i traguardi.
Secondo ciclo di istruzione vi sono 3 DPR da ricordare vanno dall'87 all'89 e sono del 2010, 87 riguarda l'istruzione professionale, (modificata anche dal decreto legislativo 61 del 2017 (buona scuola), 88/2010, riguardante gli istituti tecnici, e l'89 relativo al riordino dei licei.

L'inclusione = le principali norme
517/77 La legge **Falcucci** la prima ad occuparsi di questo tema, abolendo le classi speciali.
104/92 Importante perchè qui vi è indicata la procedura di inclusione nel sistema scuola.
328/2000 questa legge ha previsto un'introduzione importante per quanto riguarda il mondo scuola, ovvero, il **progetto individuale**.
Queste sono collegate al decreto **66 del 2017** che si riferisce **all'inclusione e alla disabilità**.

Per quanto riguarda i **DSA**, ovvero i **disturbi specifici dell'apprendimento**,
la legge di riferimento è la 170/2010
linee guida si trovano nel DM 5669 del 2011

Per quanto riguarda l'inclusione per svantaggi sociali o economici (Conosciuta con il nome di Bes di altro tipo)
DM 27 dicembre del 2012 che insieme alla circolare dell'8 e del 6 marzo del 2013 vanno a costituire il riferimento fondamentale.

Per quanto riguarda il Cyber bullismo, fare riferimento alla Legge 71 del 2017.

Le leggi spiegate

Questo capitolo ha come intento quello di farvi familiarizzare con le leggi più importanti spiegandovele in modo semplice così da favorirne la memorizzazione. Ricordatevi che le leggi sono anch'esse materia d'esame al concorso e la loro conoscenza vi fornisce una preparazione completa.

Il D.lgs. 297/1994, noto anche come Testo unico delle disposizioni legislative vigenti in materia di istruzione, è una legge che disciplina l'organizzazione e il funzionamento del sistema educativo nazionale.

Il decreto si articola in **cinque parti:**

Parte I - Norme generali (Artt. 1-98) riguarda gli organi collegiali della scuola, le assemblee degli studenti e dei genitori, la razionalizzazione della rete scolastica, l'istituzione delle scuole e i istituti di ogni ordine e grado, la formazione delle sezioni, delle classi, il calendario scolastico, le regioni, l'edilizia e le attrezzature scolastiche.

Parte II - Ordinamento scolastico (Artt. 99-394) riguarda la scuola dell'infanzia statale, l'istruzione obbligatoria, la scuola elementare, la scuola media, gli istituti e le scuole di istruzione secondaria superiore, l'istruzione artistica, le norme comuni, l'istruzione non statale, il riconoscimento dei titoli di studio e gli scambi culturali.

Parte III - Personale (Artt. 395-604) riguarda il personale del comparto scuola docente e non docente.

Parte IV - Ordinamento dell'amministrazione centrale e periferica della pubblica istruzione e del relativo personale (Artt. 605-624) riguarda l'ordinamento degli uffici e del personale che vi lavora, gli organi collegiali dell'amministrazione della pubblica istruzione.

Parte V - Scuole italiane all'estero (Artt. 625-676) riguarda le scuole italiane all'estero, ovvero le istituzioni, l'ordinamento, il personale e iniziative collegate.

In sintesi, il D.lgs. 297/1994 rappresenta uno strumento normativo fondamentale per garantire un sistema educativo efficace ed efficiente in Italia attraverso la regolamentazione degli aspetti organizzativi, didattici e gestionali delle diverse istituzioni scolastiche italiane.

Il D.P.R. 249/1998 è un regolamento che stabilisce lo Statuto delle studentesse e degli studenti della scuola secondaria di primo e secondo grado.

Lo Statuto ha l'obiettivo di promuovere la partecipazione attiva degli studenti alla vita della scuola, favorendone il coinvolgimento nei processi decisionali e garantendo loro una maggiore autonomia nella gestione delle proprie attività, include i diritti, i doveri e la disciplina.

Il regolamento si compone di sei parti. (Vita della comunità scolastica, diritti, doveri, disciplina, impugnazioni, disposizioni finali).

- I diritti degli studenti: elenca i diritti degli studenti, tra cui il diritto all'istruzione, alla libertà di pensiero e di espressione, alla tutela della salute e dell'incolumità fisica;
- I doveri degli studenti: enuncia i doveri degli studenti, come quello di rispettare le regole della scuola, i compagni, gli insegnanti e il personale non docente;
- La rappresentanza degli studenti: disciplina l'organizzazione delle rappresentanze degli studenti all'interno della scuola (Consigli di classe, Consigli d'Istituto) e ne stabilisce le modalità di elezione;
- La partecipazione alla vita della scuola: prevede la partecipazione attiva degli studenti alle attività extracurricolari e ai processi decisionali riguardanti l'organizzazione del lavoro scolastico;
- Disposizioni finali: contiene alcune disposizioni finali relative all'applicazione dello Statuto nei casi particolari o in situazioni transitorie.

In sintesi, il D.P.R 249/1998 rappresenta uno strumento normativo fondamentale per garantire la partecipazione attiva degli studenti alla vita della scuola secondaria italiana attraverso la definizione dei loro diritti e doveri, l'organizzazione delle rappresentanze studentesche e la promozione della partecipazione agli eventi extracurriculari.

Il D.P.R. 275/1999, noto anche come il "Regolamento sulla autonomia delle istituzioni scolastiche", ha l'obiettivo di promuovere l'autonomia delle scuole italiane e di favorire la loro capacità di gestirsi in modo indipendente.

Il regolamento si compone delle seguenti parti: natura e scopi dell'autonomia, piano dell'offerta formativa, autonomia didattica, autonomia organizzativa, autonomia di ricerca, reti di scuole, curriculo nell'autonomia, ampliamento offerta formativa, iniziative finalizzate all'innovazione.

- Disposizioni generali: definisce gli obiettivi del regolamento e le finalità dell'autonomia scolastica;
- Autonomia didattica: prevede la possibilità per le istituzioni scolastiche di organizzare i propri programmi didattici e di definire i criteri per la valutazione degli studenti;
- Autonomia organizzativa: consente alle scuole di gestire in modo autonomo il personale docente e non docente, nonché l'organizzazione degli spazi e dei tempi scolastici;
- Autonomia finanziaria: stabilisce che le scuole possono gestire in modo autonomo i propri budget, stipulare contratti con fornitori esterni e acquisire beni mobili e immobili necessari alla loro attività.

In sintesi, il DPR 275/1999 rappresenta uno strumento normativo fondamentale per promuovere l'autonomia delle istituzioni scolastiche attraverso la definizione delle modalità con cui esse possono gestirsi in modo indipendente dal punto di vista didattico, organizzativo e finanziario.

La Legge 53/2003, nota anche come "Legge Moratti", questa riforma scolastica ha completamente ridisegnato i cicli di istruzione, introducendo importanti cambiamenti a livello di iscrizioni, durata degli studi e organizzazione didattica.

Il nuovo sistema prevede un'anticipazione delle iscrizioni alla scuola dell'infanzia e alla prima classe della scuola primaria, rispettivamente a 3 e 6 anni, al fine di offrire un avvio precoce all'educazione dei bambini.

Il primo ciclo dell'istruzione si estende per un periodo di otto anni, suddivisi in cinque anni per la scuola primaria e tre anni per la scuola secondaria. Al termine del primo ciclo, ovvero alla fine della scuola secondaria, gli studenti devono affrontare un esame di stato per valutare le loro competenze e abilità acquisite durante questo periodo.

Un elemento centrale della riforma è l'implementazione del "team dei docenti" che segue la classe, che può essere organizzato in gruppi o seguire l'intera classe. All'interno di questo team, un docente "coordinatore-tutor" assume un ruolo chiave nel guidare e supportare gli studenti durante il loro percorso di apprendimento.

Il secondo ciclo dell'istruzione offre agli studenti la possibilità di scegliere tra due percorsi: il canale dei licei, che ha una durata di 5 anni, o il canale della formazione professionale, che si sviluppa in 4 anni. Durante questa fase, gli studenti hanno la flessibilità di cambiare indirizzo all'interno dei canali o di passare da un canale all'altro, permettendo loro di esplorare e affinare i loro interessi e ambizioni.

Volendo concludere è importante sottolineare che la riforma ha introdotto un sistema di istruzione più inclusivo e personalizzato, con un inizio anticipato del percorso educativo e una maggiore flessibilità durante il secondo ciclo, al fine di preparare gli studenti in modo più efficace per il loro futuro accademico e professionale.

DECRETO 22 agosto 2007, n. 139: trattasi di un regolamento contenente norme in materia di adempimento dell'obbligo di istruzione, ai sensi dell'articolo 1, comma 622, della legge 27 dicembre 2006, n. 296.

Punti principali:

- L'adempimento dell'obbligo di istruzione prevede che l'istruzione sia obbligatoria per almeno dieci anni e sia regolata secondo le disposizioni indicate nell'articolo 1, comma 622, della legge n. 296 del 27 dicembre 2006;
- Acquisizione di saperi attraverso gli assi culturali di riferimento e le competenze chiave di cittadinanza;

Asse dei linguaggi, asse matematico, asse scientifico-tecnologico, asse storico sociale.

Competenze chiave di cittadinanza (in totale 8):

1. Imparare ad imparare;
2. Progettare;
3. Comunicare;
4. Collaborare e partecipare;
5. Agire in modo autonomo e responsabile;
6. Risolvere problemi;
7. Individuare collegamenti e relazioni;
8. Acquisire ed interpretare l'informazione.

- Interventi a sostegno dell'adempimento dell'obbligo di istruzione;
- Certificazione dell'assolvimento dell'obbligo di istruzione;
- Linee guida.

Tips: <u>il rispetto dell'obbligo di istruzione è monitorato sia dalle scuole che dalle autorità competenti in Italia.</u>

Le scuole hanno la responsabilità di tenere traccia della frequenza e dei progressi accademici dei loro studenti. Esse sono tenuti a segnalare eventuali assenze o irregolarità alle autorità che indagheranno e, se necessario, adotteranno le misure appropriate.

Le autorità competenti, come gli uffici scolastici locali o i servizi sociali, hanno il compito di verificare il rispetto dell'obbligo di istruzione. Possono effettuare ispezioni nelle scuole o nelle case delle famiglie che hanno scelto *l'homeschooling* come un modo per adempiere a questo obbligo. Inoltre possono richiedere informazioni alle scuole e ai genitori sulla frequenza o sul rendimento scolastico di uno studente.

Se uno studente non rispetta l'obbligo di istruzione senza validi motivi, o se i genitori non riescono a garantire la frequenza scolastica del figlio o a fornire un'adeguata istruzione domiciliare possono essere imposte sanzioni. Queste possono variare da multe per i genitori fino all'iscrizione obbligatoria a programmi educativi alternativi per gli studenti.

In sintesi, sia le scuole che le autorità competenti svolgono un ruolo cruciale nel monitorare il rispetto dell'obbligo di istruzione attraverso controlli periodici sui registri delle presenze e sui progressi accademici, nonché attraverso indagini quando necessario.

Tips: <u>le scuole hanno diverse responsabilità nei confronti dei loro studenti</u>. Queste includono:

Fornire un ambiente di apprendimento sicuro e sano: le scuole devono garantire che le loro strutture siano sicure e pulite e che gli studenti non siano esposti a pericoli o rischi che possano influire sulla loro salute o sul loro benessere.

Offrire un'istruzione di qualità: le scuole devono fornire un curriculum che soddisfi gli standard nazionali e prepari gli studenti per futuri sforzi accademici e professionali. Devono anche assumere insegnanti qualificati e preparati.

Incoraggiare lo sviluppo degli studenti: le scuole dovrebbero sostenere lo sviluppo olistico dei loro studenti offrendo attività extrascolastiche, servizi di consulenza e opportunità di crescita personale e di auto-espressione.

Garantire la parità di trattamento: le scuole devono trattare tutti gli studenti allo stesso modo, indipendentemente dalla razza, dal sesso, dalla religione o da altri fattori. Dovrebbero anche promuovere la diversità e l'inclusività nella comunità scolastica.

Protezione della privacy degli studenti: le scuole devono proteggere la privacy delle informazioni personali dei propri studenti inclusi voti, cartelle cliniche e altri dati sensibili.

Segnalazione delle presenze e dei progressi accademici: come accennato in precedenza, le scuole hanno la responsabilità di tenere traccia della frequenza e dei progressi accademici dei propri studenti, segnalando eventuali assenze o irregolarità alle autorità competenti quando necessario.

In sintesi, le scuole hanno un ruolo cruciale nel fornire un ambiente di apprendimento sicuro e di supporto che promuova il rendimento scolastico e la crescita personale dei loro studenti.

Il D.P.R. 122/2009 è un regolamento emanato dal Governo che disciplina la valutazione degli alunni nelle scuole di ogni ordine e grado. In particolare, il regolamento prevede una serie di misure per garantire una valutazione oggettiva e trasparente degli studenti, evitando discriminazioni o favoritismi.

Tra le principali disposizioni del D.P.R. 122/2009 si possono citare:

- La valutazione scolastica si focalizza su tre elementi principali: il processo di apprendimento, il comportamento e il rendimento scolastico degli studenti. La sua funzione fondamentale è quella di valorizzare le esperienze formative e l'apprendimento di ciascun allievo. La valutazione contribuisce anche a un approccio formativo, aiutando gli studenti a sviluppare una consapevolezza critica sul proprio percorso educativo e individuando le eventuali carenze da affrontare.
- La valutazione è coerente con le scelte educative della scuola e tiene conto dei risultati di apprendimento degli studenti e degli esiti formativi, come il loro comportamento. Tali valutazioni sono definite dai collegi docenti e vengono approvate come vincolanti per i docenti nel Piano dell'Offerta Formativa (POF) della scuola.

La Legge 170/2010 e il Decreto Ministeriale 5669/2011 riguardano le linee guida per la didattica degli studenti con Disturbi Specifici dell'Apprendimento (DSA).

I DSA sono un insieme di disturbi che possono manifestarsi durante l'apprendimento come la dislessia, la disgrafia o la discalculia. Questi disturbi possono influire sulla capacità dello studente di leggere, scrivere o calcolare correttamente.

La Legge 170/2010 ha lo scopo di garantire ai bambini e agli adolescenti con DSA il diritto all'istruzione e alla formazione, promuovendo l'adozione di misure adeguate per favorirne l'inclusione nella scuola e nella società.

Il Decreto Ministeriale 5669/2011 definisce le linee guida per la didattica degli studenti con DSA, indicando le modalità per individuare i disturbi specifici dell'apprendimento e le strategie da adottare per favorire l'inclusione dei ragazzi con DSA nella classe.

Tra le principali disposizioni del Decreto Ministeriale si possono citare:

- L'obbligo per gli insegnanti di formarsi adeguatamente sui DSA;
- La previsione di strumenti compensativi e dispensativi che permettano agli studenti con DSA di accedere alle stesse opportunità educative degli altri compagni;
- La necessità di adottare una didattica personalizzata che tenga conto delle specifiche esigenze dei singoli studenti;
- Il coinvolgimento della famiglia nell'elaborazione del Piano Didattico Personalizzato (PDP): un documento che individua gli obiettivi formativi e le strategie didattiche più efficaci per ciascuno studente con DSA.

In sintesi, la Legge 170/2010 e il Decreto Ministeriale 5669/2011 hanno introdotto importanti novità per garantire ai bambini e agli adolescenti con DSA il diritto all'istruzione e alla formazione in modo inclusivo ed equo.

Tips: il Piano Didattico Personalizzato (PDP) è un documento che individua gli obiettivi formativi e le strategie didattiche più efficaci per ciascuno studente con bisogni educativi speciali, tra cui anche gli studenti con Disturbi Specifici dell'Apprendimento (DSA).

Il PDP viene elaborato dal Consiglio di Classe o dal Gruppo di Lavoro per l'Inclusione, in collaborazione con la famiglia e il ragazzo. Il documento viene poi integrato nel Registro Elettronico e diventa parte integrante della documentazione scolastica dell'alunno.

Le principali caratteristiche del PDP sono:

- Personalizzazione: il PDP tiene conto delle specifiche esigenze del singolo studente, definendo obiettivi formativi personalizzati e strategie didattiche adeguate alle sue capacità e ai suoi bisogni;
- Flessibilità: il PDP può essere modificato in qualsiasi momento in base all'evoluzione delle esigenze dell'alunno;
- Inclusione: il PDP mira a favorire l'inclusione del ragazzo nella classe e nella scuola, prevedendo strumenti compensativi e dispensativi che permettano agli studenti con bisogni educativi speciali di accedere alle stesse opportunità degli altri compagni;
- Partecipazione attiva della famiglia: la famiglia è coinvolta attivamente nell'elaborazione del PDP, contribuendo a identificare le esigenze specifiche del proprio figlio/a.

In sintesi, il Piano Didattico Personalizzato rappresenta uno strumento fondamentale per garantire un'educazione inclusiva ed equa a tutti gli studenti con bisogni educativi speciali. Grazie al PDP si possono individuare le strategie didattiche più efficaci per ciascuno studente, favorendo così il suo apprendimento e la sua crescita personale.

Il **D.P.R. 88/2010** è un decreto che ha introdotto importanti novità per quanto riguarda l'assetto ordinamentale, organizzativo e didattico degli istituti tecnici. In particolare, il decreto ha previsto la revisione dell'offerta formativa con l'introduzione di nuovi indirizzi di studio e l'attivazione di specifiche iniziative per favorire il successo scolastico degli studenti.

Tra le principali disposizioni del D.P.R. 88/2010 si possono citare:

- Identità degli istituti tecnici in ottica di rafforzamento;
- Migliore organizzazione dei percorsi di studio;

In sintesi, il D.P.R. 88/2010 rappresenta un importante passo avanti nella revisione dell'assetto ordinamentale, organizzativo e didattico degli istituti tecnici italiani. Grazie alle disposizioni contenute nel decreto è stata introdotta un'offerta formativa più ampia e diversificata, con l'obiettivo di favorire una formazione più completa ed equilibrata degli studenti.

Il **D.M. 254/2012** è un decreto del Ministero dell'Istruzione che definisce le Indicazioni Nazionali per il curricolo della scuola dell'infanzia e del primo ciclo d'istruzione. Il documento rappresenta una guida per gli insegnanti, i dirigenti scolastici e gli altri operatori del sistema educativo nella definizione degli obiettivi formativi e delle attività didattiche da proporre ai bambini e ai ragazzi durante la loro formazione.

Le principali disposizioni contenute nel D.M. 254/2012 sono:

- **Definizione degli obiettivi formativi:** il documento individua gli obiettivi di apprendimento che gli studenti devono raggiungere in ciascuna disciplina, distinguendo tra competenze chiave (come la comunicazione, l'autonomia, la cittadinanza) e competenze specifiche (ad esempio la matematica, l'italiano, le lingue straniere);
- **Definizione dei percorsi formativi:** il decreto prevede la definizione di percorsi formativi personalizzati per ciascuno studente, con l'obiettivo di favorire lo sviluppo delle sue potenzialità e delle sue capacità;
- **Promozione dell'inclusione:** il documento sottolinea l'importanza di promuovere l'inclusione degli alunni con bisogni educativi speciali mediante strumenti compensativi e dispensativi;
- **Valorizzazione dell'educazione artistica e musicale:** il decreto prevede una particolare valorizzazione dell'educazione artistica e musicale nei programmi didattici della scuola dell'infanzia e del primo ciclo d'istruzione;

- Potenziamento dell'insegnamento delle lingue straniere: il decreto prevede un potenziamento dell'insegnamento delle lingue straniere fin dalla scuola primaria, al fine di favorire lo sviluppo delle competenze linguistiche degli studenti.

In sintesi, il D.M. 254/2012 rappresenta un importante punto di riferimento per la definizione dei programmi didattici della scuola dell'infanzia e del primo ciclo d'istruzione. Grazie alle indicazioni fornite dal decreto è possibile garantire agli studenti una formazione completa ed equilibrata, favorendo lo sviluppo delle loro potenzialità personali.

Il C.M. 8/2013 è una circolare ministeriale che fornisce indicazioni e strumenti per l'inclusione scolastica degli alunni con bisogni educativi speciali. La circolare prevede la definizione di strumenti d'intervento personalizzati per gli studenti con disabilità o disturbi specifici dell'apprendimento, al fine di garantire loro un'adeguata formazione e favorire il loro inserimento nella vita scolastica.

Tra le principali disposizioni contenute nel C.M. 8/2013 si possono citare:

- La definizione del Piano Educativo Individualizzato (PEI): il PEI rappresenta uno strumento fondamentale per la definizione degli obiettivi formativi personalizzati per gli alunni con bisogni educativi speciali e del PDP, ovvero del piano didattico personalizzato;
- La promozione dell'inclusione: la circolare prevede una serie di iniziative volte a favorire l'inclusione degli alunni con disabilità o disturbi specifici dell'apprendimento all'interno della classe e della comunità scolastica;
- La definizione dei ruoli degli operatori coinvolti: il documento prevede una chiara definizione dei ruoli degli insegnanti, dei docenti di sostegno, degli operatori tecnici ed educativi e delle famiglie nell'ambito del processo di inclusione scolastica;
- L'organizzazione territoriale per l'inclusione scolastica: la circolare prevede l'attivazione di specifiche iniziative volte a favorire l'inserimento degli alunni con bisogni educativi speciali all'interno delle strutture territorialmente più vicine alla loro residenza.

In sintesi, il C.M. 8/2013 rappresenta un importante punto di riferimento per la promozione dell'inclusione scolastica degli alunni con bisogni educativi speciali. Grazie alle indicazioni fornite dalla circolare è possibile garantire a questi studenti un'adeguata formazione e favorirne l'inserimento nella vita scolastica, valorizzando le loro potenzialità e le loro capacità individuali.

Il **D.lgs. 61/2017** rappresenta una revisione dei percorsi di istruzione professionale, al fine di garantire un'adeguata formazione agli studenti e favorire l'inserimento nel mondo del lavoro.

Tra le principali disposizioni contenute nel decreto si possono citare:

- La definizione dei percorsi formativi: il documento prevede la definizione di percorsi formativi personalizzati per ciascuno studente con l'obiettivo di favorire lo sviluppo delle sue potenzialità e delle sue capacità;
- L'individuazione delle competenze chiave: il decreto individua una serie di competenze chiave che gli studenti devono acquisire durante il loro percorso formativo, tra cui la comunicazione, la cittadinanza attiva, l'autonomia e l'imprenditorialità;
- La promozione dell'apprendimento esperienziale: il documento prevede la valorizzazione dell'apprendimento esperienziale, ovvero, dell'acquisizione di competenze attraverso l'esperienza diretta sul campo;
- La collaborazione tra scuola e mondo del lavoro: il decreto incoraggia la collaborazione tra le scuole e le imprese al fine di favorire l'inserimento degli studenti nel mondo del lavoro;
- L'attivazione dei tirocini formativi: il documento prevede l'attivazione dei tirocini formativi presso le imprese come parte integrante del percorso formativo degli studenti.

In sintesi, il D.lgs. 61/2017 rappresenta un importante punto di riferimento per la revisione dei percorsi di istruzione professionale, al fine di garantire agli studenti una formazione completa ed equilibrata che tenga conto delle esigenze del mondo del lavoro. Grazie alle indicazioni fornite dal decreto è possibile valorizzare le competenze individuali degli studenti e favorirne l'inserimento nella vita lavorativa.

Tips: per attivare un tirocinio formativo è necessario seguire alcune procedure specifiche che possono variare in base al tipo di tirocinio e alla normativa vigente. Tuttavia, in linea generale, si possono individuare alcuni passaggi comuni:

1. Identificazione dell'azienda ospitante: il primo passo consiste nell'individuare un'azienda che sia disposta ad accogliere lo studente in tirocinio. In genere, le scuole o le università hanno delle convenzioni con le aziende, ma è anche possibile cercare autonomamente opportunità di tirocinio;
2. Definizione degli obiettivi del tirocinio: è importante definire gli obiettivi del tirocinio in modo chiaro e dettagliato, in modo tale da garantire una formazione efficace per lo studente;

3. Stipula della convenzione: una volta individuata l'azienda ospitante e definiti gli obiettivi del tirocinio si procede alla stipula della convenzione tra l'istituzione scolastica o universitaria, l'azienda ospitante e lo studente.

<u>Attivazione del tirocinio: dopo la stipula della convenzione il tirocinio può essere attivato seguendo le modalità previste dalla normativa vigente nel proprio paese.</u>

In Italia, ad esempio, per attivare un tirocinio formativo è necessario rispettare alcune regole previste dal Decreto legislativo n. 81/2015 sulla sicurezza sul lavoro e dal Decreto legislativo n. 167/2011 sulla formazione professionale. In particolare è necessario redigere un piano didattico e sottoporlo all'approvazione dell'Istituto di istruzione o dell'università di appartenenza dello studente; definire un tutor aziendale che affianchi lo studente durante il periodo di tirocinio; garantire la copertura assicurativa per lo studente durante il periodo di tirocinio; rispettare i limiti temporali previsti dalla legge per i diversi tipi di tirocini (ad esempio 200 ore per i percorsi di alternanza scuola-lavoro).

In sintesi, per attivare un tirocinio formativo è necessario seguire alcune procedure specifiche che variano a seconda del tipo di tirocinio e della normativa vigente nel proprio paese. È importante definire chiaramente gli obiettivi del tirocinio e stipulare una convenzione tra l'istituzione scolastica o universitaria, l'azienda ospitante e lo studente prima dell'avvio effettivo del periodo di formazione presso l'azienda stessa.

Il D.lgs. 62/2017 riguarda l'ammissione degli studenti alle classi successive e gli esami di stato.

<u>Tra le principali disposizioni contenute nel decreto si possono citare:</u>

- Le norme di passaggio alla classe successiva per quanto riguarda la scuola primaria e secondaria;
- Le modalità di accesso agli esami;
- Le regole in merito alle commissioni.

In sintesi, il D.lgs. 62/2017 rappresenta un importante punto di riferimento per l'ammissione degli studenti alle classi successive e lo svolgimento degli esami di stato. Grazie alle indicazioni fornite dal decreto è possibile garantire una formazione adeguata agli studenti, favorendo la loro crescita personale e professionale.

Il D.lgs. 63/2017 riguarda il diritto allo studio, ovvero, il diritto di ogni individuo di accedere alla formazione e all'istruzione.

Scopo del decreto è garantire su tutto il territorio nazionale l'effettività del diritto allo studio degli alunni e delle alunne e degli studenti e delle studentesse del sistema nazionale di istruzione e formazione, statale e paritario, fino al completamento del percorso di istruzione secondaria di secondo grado. Promuove un sistema di welfare studentesco, prevede sussidi didattici agli alunni con disabilità e il potenziamento della carta dello studente.

In sintesi, il D.lgs. 63/2017 rappresenta un importante strumento normativo per garantire a tutti gli individui il diritto allo studio. Grazie alle misure previste dal decreto è possibile favorire l'inclusione sociale ed economica degli studenti, contrastare la dispersione scolastica e promuovere la cultura e l'educazione civica tra le nuove generazioni.

Il D.lgs. 65/2017 riguarda l'istituzione del sistema integrato di educazione e di istruzione dalla nascita sino a sei anni, ovvero, un sistema educativo che coinvolge i bambini fin dal loro primo anno di vita.

Tra le principali disposizioni contenute nel decreto si possono citare:

- L'obbligo dell'offerta formativa: il documento prevede l'obbligo per gli enti locali di offrire un'adeguata offerta formativa ai bambini dai 0 ai 6 anni;
- La promozione della collaborazione tra famiglie, scuole e servizi educativi: il decreto sottolinea l'importanza della collaborazione tra famiglie, scuole e servizi educativi al fine di garantire una formazione adeguata ai bambini;
- Il riconoscimento del ruolo degli insegnanti: il documento riconosce il ruolo fondamentale degli insegnanti nella crescita e nella formazione dei bambini, garantendo loro una formazione adeguata e specifica;
- La valorizzazione del gioco come strumento di apprendimento: il decreto valorizza il gioco come strumento fondamentale per lo sviluppo cognitivo e sociale dei bambini, incoraggiando la creazione di spazi ludici all'interno delle strutture educative;
- L'inclusione degli studenti con disabilità: il documento prevede l'inclusione degli studenti con disabilità nei percorsi educativi previsti dal sistema integrato.

In sintesi, il D.lgs. 65/2017 rappresenta un importante strumento normativo per garantire una formazione adeguata ai bambini fin dai primi anni di vita. Grazie alle misure previste dal decreto è possibile favorire lo sviluppo cognitivo e sociale dei bambini, valorizzando la figura dell'insegnante e promuovendo la collaborazione tra famiglie, scuole e servizi educativi.

Il D.lgs. 66/2017 (aggiornato al D.lgs. 96/2019 e al Decreto Interministeriale 182/2020) riguarda le norme per la promozione dell'inclusione scolastica degli studenti con disabilità, ovvero, un insieme di disposizioni volte a garantire l'accesso all'istruzione e alla formazione anche ai soggetti con disabilità.

Tra le principali disposizioni contenute nel decreto si possono citare:

- L'obbligo di inclusione: il documento prevede l'obbligo per le scuole di accogliere gli studenti con disabilità, garantendo loro l'accesso alle risorse didattiche e tecnologiche necessarie per una formazione adeguata;
- La definizione del Piano Educativo Individualizzato (PEI): il decreto individua il PEI come strumento fondamentale per la definizione dei percorsi educativi personalizzati degli studenti con disabilità;
- La promozione della figura del docente di sostegno: il documento valorizza la figura del docente di sostegno, ovvero un professionista che affianca gli insegnanti nella gestione degli studenti con disabilità;
- Il coinvolgimento delle famiglie: il decreto sottolinea l'importanza del coinvolgimento delle famiglie degli studenti con disabilità nei percorsi educativi previsti dalle scuole;
- L'utilizzo di tecnologie assistive: il documento prevede l'utilizzo di tecnologie assistive per favorire l'apprendimento degli studenti con disabilità.

In sintesi, il D.lgs. 66/2017 (aggiornato al D.lgs. 96/2019 e al Decreto Interministeriale 182/2020) rappresenta un importante strumento normativo per garantire l'inclusione scolastica degli studenti con disabilità, valorizzando la figura del docente di sostegno e promuovendo l'utilizzo delle tecnologie assistive.

Grazie alle misure previste dal decreto è possibile favorire lo sviluppo cognitivo e sociale dei soggetti con disabilità, garantendo loro pari opportunità nell'accesso all'istruzione e alla formazione.

La Legge 71/2017 riguarda le disposizioni a tutela dei minori per la prevenzione e il contrasto del fenomeno del cyberbullismo, ovvero, un insieme di comportamenti aggressivi e ripetuti che si verificano in rete.

Tra le principali disposizioni contenute nella legge si possono citare:

- La definizione di cyberbullismo: la legge definisce il cyberbullismo come un insieme di comportamenti aggressivi e ripetuti che si verificano in rete, attraverso l'utilizzo di strumenti informatici o telematici;
- L'obbligo della segnalazione: il documento prevede l'obbligo per gli operatori delle piattaforme web e social network di segnalare alle autorità competenti i casi di cyberbullismo che vengono loro segnalati;

- **La promozione dell'educazione digitale**: la legge sottolinea l'importanza dell'educazione digitale per prevenire il fenomeno del cyberbullismo, promuovendo attività formative e informative per studenti, genitori e insegnanti;
- **Il rafforzamento delle sanzioni penali**: il decreto prevede il rafforzamento delle sanzioni penali nei confronti degli autori di atti di cyberbullismo;
- **L'istituzione del Garante per l'infanzia e l'adolescenza**: la legge istituisce il Garante per l'infanzia e l'adolescenza con il compito di monitorare e valutare le politiche pubbliche volte alla tutela dei minori.

In sintesi, la Legge 71/2017 rappresenta un importante strumento normativo per prevenire e contrastare il fenomeno del cyberbullismo, promuovendo attività educative e informative volte ad aumentare la consapevolezza sui rischi connessi all'utilizzo della rete. Grazie alle misure previste dalla legge è possibile garantire una maggiore tutela dei minori contro gli attacchi online, prevedendo anche sanzioni più severe nei confronti degli autori degli attacchi.

La Legge 107/2015, nota anche come "Buona Scuola", rappresenta una riforma del sistema nazionale di istruzione e formazione volta a migliorare la qualità dell'offerta formativa e a favorire l'autonomia scolastica. La riforma mira a fornire alle scuole gli strumenti finanziari ed operativi per permettere loro di poter riorganizzare autonomamente l'intero sistema dell'istruzione

Tra le principali disposizioni contenute nella legge si possono citare:

- Piano triennale dell'offerta formativa;
- Organico dell'autonomia;
- Piano straordinario di assunzioni;
- Percorsi FIT;
- Comitato di valutazione e valorizzazione del personale;
- Formazione dei docenti;
- Alternanza scuola lavoro;
- Chiamata Diretta;
- Piano Nazionale Scuola Digitale (PNSD).

In sintesi, la Legge 107/2015 rappresenta una riforma importante del sistema nazionale di istruzione e formazione che mira a migliorare la qualità dell'offerta formativa, semplifica i processi, il personale e la formazione senza dimenticare le nuove tecnologie.

La riforma Fioroni

La riforma Fioroni ha riguardato un insieme di provvedimenti introdotti nel 2007 durante il governo Prodi con l'obiettivo di rinnovare la scuola italiana, garantendo maggiore sicurezza per gli studenti e migliorando la qualità dell'insegnamento.

La riforma prevede diverse misure, tra cui:

- Nell'ambito del sistema dell'istruzione secondaria superiore, si è scelto di mantenere gli attuali istituti tecnici e professionali, i quali sono finalizzati al conseguimento di diplomi di istruzione secondaria superiore. In linea con questa decisione, sono stati soppressi i licei tecnologici ed economici;

- La possibilità di avere in ogni provincia i Poli tecnico- professionali costituiti da tre componenti:

1-Istituti tecnici e professionali;

2-Strutture accreditate per ottenere una qualifica;

3-I Poli atti alla diffusione della cultura.

- Agevolazioni fiscali per le donazioni alle fondazioni, anche per quelle in favore del settore scuola.

Il Consiglio dei ministri ha approvato un disegno di legge, su proposta del Ministro della Pubblica Istruzione Giuseppe Fioroni, che prevede:

- Il riordino e il potenziamento degli istituti tecnici e professionali, anche in ottica di collegamento con il mondo del lavoro, attività di laboratorio e tirocinio;

- L'adozione di regolamenti ministeriali per ridurre il numero degli indirizzi di studio e per raggiungere un monte ore più sostenibile;

- Il riordino degli organi collegiali delle istituzioni scolastiche;

- Potenziamento delle giunte esecutive con funzioni di supporto alla dirigenza;

- Istituzione del comitato tecnico per monitorare efficacemente l'offerta formativa;

- Istituzione di un fondo perequativo nel bilancio della Pubblica Istruzione per assegnare le risorse utili alle scuole che non hanno avuto donazioni o un ampliamento dell'offerta formativa.

Printed by Amazon Italia Logistica S.r.l.
Torrazza Piemonte (TO), Italy